文化のための追及権

小川明子
Ogawa Akiko

a pilot of wisdom

目次

図版レイアウト／坂巻治子

まえがき

文芸や音楽や美術作品を創作した人、創作者には「著作権」と呼ばれる権利が与えられていることは、よく知られています。しかし、著作権は、作家や音楽家でない限りは、自分にはまったく関係がないと思っている人も少なくありません。著作権は著名な作家や売れっ子音楽家のみに与えられた権利なのでしょうか。

いいえ、そんなことはありません。著作権は作品を作った時に発生し、作者は「著作者」となります。そして、作品とは、長編小説や流行歌だけではなく、あなたが話したスピーチ、携帯で送ったメールも、独自の創作性があれば著作物となるのです。なるほど、自分も知らないうちに著作者だったのか、自分にも権利があるのだから、少しはこの権利について知るべきかもしれないと思った方もいらっしゃるかもしれません。

しかし、今さら法律を勉強するというのは敷居が高いというのもごもっともです。そのような方々には、ぜひ本書の前半部分を読んでいただきたいと思っています。

本書では、タイトル通り、「著作権」と「追及権」をテーマにしています。前半の「著作権」部分には著作権の基本的な考え方について書いてあります。私はこれまで非常勤講師として、中央学院大学法学部、桜美林大学総合文化学群、名古屋商科大学経済学部で、それまで知的財産権について勉強したことのない、おおむね二〇歳《はたち》の学生たちに、著作権法とは何かを教えてきました。これらの経験をもとに、さらに嚙《か》み砕いた形で著作権とはどのような権利であるかについて説明してあります。前半部分で著作権法の基本的なことがらをおおまかに理解していただいたうえで、後半の追及権についての内容を読み進めていただくという二段階の構成になっています。

しかし、もちろん、著作権の部分だけ読んでいただいてもかまいません。また、すでに著作権についてある程度の知識を持っていらっしゃる方であれば、第四章から読み始めていただいてもまったく問題ありません。

さて、まえがきの段階ではありますが、なぜ「追及権」が必要なのかという点について少し説明しておきたいと思います。文芸と音楽と美術には、それぞれに独自の性質があります。小説や音楽のように出来上がった作品が複製されて皆さんの手に渡るという形をとる著作物と、美術のように一点だけが制作されてその作品が販売されるという形をとる著作物とでは、著作者の収入を得る方法に違いがあるということです。このように、性質の異なるものの作者すべてを一つの法律で保護することができるのでしょうか。

私は、美術の著作者、いわゆる芸術家が、日本の現行の著作権法では十分に保護されていないのではないかと考えています。本書で述べたいのは、現在の著作権法で認められた権利に加えて、これから説明していく追及権があれば、もっと多くの美術の著作者が守られるのではないかということなのです。そこで、芸術家の暮らしや周囲で起きた具体的な事例を挙げながら、「美術作品を創作する芸術家はなぜ貧しいのか」「その貧しさを打破するためには、追及権のような新しい権利を考える必要があるのではないか」という点について検討していきたいと思っています。

先に、これから法律を勉強するのは敷居が高いが、著作権に少し興味があるという方に、前半部分をぜひ読んでいただきたいと申し上げました。後半部分ももちろん読んでいただけるとうれしいのですが、後半部分については、特に読んでいただきたい方たちがいます。

それは、これから芸術家を目指そうという若者たちです。若者といっても、もちろん、年齢ではありません。六〇歳でも、八〇歳でも、一〇〇歳であっても、これから芸術家を目指そうという人々は、皆、青雲の志を抱く若者です。そして芸術家志望の方たちに読んでいただきたい最大の理由は、追及権がまさしく芸術家を目指す読者の皆さん自身のためのものだからです。

ここで、本書における「芸術家」とはどういう人を指すかを定義しておきたいと思います。日本語の「アーティスト」には美術のみならず、音楽の創作者（作曲者、作詞家）や音楽の実演家（演奏家や歌手）も含まれています。しかし、英語で artist は美術の創作者を指し、小説などの文芸の創作者は author、作曲家は composer です。本書では、絵画、彫刻、デッサンなどの伝統的な美術作品の著作者を指して「芸術家」と呼ぶことにします。そして、文芸や音楽も含んだ芸術家という意味合いの時には、「広義の芸術家」という表現を使いたいと思います。

なお、本書においては、著作権の専門家や法学部出身者にとっては普通の表現であっても、一般の方たちにとっては理解しにくい「教科書的」な表現を極力避けました。また、正確さを期する目的で、著作権法の該当条文を文中に登場させていますが、条文の意味をそのつど次の文章で説明していますので、基本的には条文そのものは飛ばして読んでいただいても差し支えありません。

本書を読んで、もっと著作権について知りたいと思っていただけた方が、他の著作権法に関する書籍も手に取っていただき、楽しい著作権の世界の住人となっていただけたら幸いです。

第一章　芸術家は貧しいのか

――*La Bohème* の登場人物は、その後も貧乏なままなのか？――

プッチーニのオペラに『ラ・ボエーム』という作品[*1]があるのをご存じでしょうか。登場人物である詩人のロドルフォと画家マルチェッロは、パリで同居しながら明日の芸術家を夢見ています。『ラ・ボエーム』、フランス語では、*La Bohème* といって、ボヘミアン、つまりは、定職も持たず、売れるあてもない作品の制作に情熱を傾ける、社会の中に明確な居場所を持たない流浪の芸術家を指しているのです（ちなみに、フランス語では、Hの音を発音しないので、*La Bohème* は「ラ・ボヘーム」ではなくて「ラ・ボエーム」になります）。ロドルフォとマルチェッロは、ともに売れない作家であり、非常に貧しい暮らしをしています。

それでは、オペラとは少し筋を変え、時を現在の日本にワープさせ、詩人のロドルフォの作品が編集者の目にとまったとしてみましょう。ロドルフォは、原稿を出版社に持ち込みます。編集者は、なかなかいいぞとロドルフォを励まし、もう何点か書いてくれたら、まとめて詩集として出版しようではないかと提案します。この後、詩集が出版されれば、印税と呼ばれる著作権料（ロイヤルティ）がロドルフォには入ってきます。さらに、ベストセラーにでもなってしまった場合には、六本木あたりの豪華なペントハウスに引っ越すこともできるのです。何年か年を経て、ロドルフォが亡くなった後も、ロドルフォの妻（オペラでは恋人のミミを失っていますが、その後別の女性を見つけたとしましょう）は、五〇年の間、詩集が売れるたびに印税を受け取ることができるのです。著作権法というものは、詩人とその家族までも幸せにしますね。

さて、もう一人の登場人物である画家のマルチェッロのことも考えてみましょう。彼の作品もある日、画商の目にとまったとしましょう。この画商がまた目利きときています。マルチェッロの作品の値段が上がりそうだと踏むと、どんどん描くように勧めます。そして、出来上がった作品を即座に買い取ってくれたり、毎月出来上がったものを何点でも引き取ると言ってくれたりします。マルチェッロが商人であれば、「お急ぎでしたら値段も上がりまっせ」などと価格交渉するところでしょうが、絵描きは、絵が好きでたまらないから絵描きになっているわけで、何点でも引き取ってくれるというのは夢のような話です。駆け出しのマルチェッロにとって、明日の食事の心配をしなくてよくなるかもしれない、明るいニュースです。マルチェッロは、画商の申し出に応じ、出来上がった作品を次々と売っていきます。

それでは、マルチェッロも、ロドルフォ同様に、望めば立派な一軒家に引っ越して裕福に暮らすことができるようになるのでしょうか。もちろん、評価が上がり、その後も描き続けたら、大芸術家で大富豪という結末が待っているかもしれません。しかし、何年かして寿命が尽きて亡くなった後、マルチェッロの妻あるいはその子供は、ロドルフォの家族のような著作権料をもらうことはできるでしょうか。もちろん個人差はあるでしょうし、一概にはいえませんが、一般に、「画家」の場合は非常に難しいといえます。皆さんは、著作権法があるではないかと言うでしょう。しかしながら、マルチェッロが国中に知られるような有名画家になっていない限りは、売ってしまった作品の著作権料を得るというのは夢のまた夢。それは、ロドルフォの妻の場合のような「詩集が売れたらお金が入る」というシステムが、マルチェッロには適用されず、マルチェッロのケースでは、「著作権法」が収入の確保にあまり役に立っていないからなのです。

画家は通常、自分の描いた絵を販売して生計を立てます。例外的に有名になっていれば、画集が出されたり、展覧会でTシャツやトートバッグに絵が印刷される（これも複製ですね）ことを許諾することによって、複製権収入を得られる場合もあるのですが、それ以外は、元来、作品（著作権法では、原作品といいます）を販売して商品の対価として収入を得ます。ということは、相当著名な画家とならない限りは、「作品を売ったお金」しかもらうことはできないのです。そしてそれが、マルチェッロが著作権料では暮らしていけない理由です。

著作権法は、額に入った作品（原作品）ではなくて、「絵」という形で描かれたイメージ（表現部分）を保護します。つまり、原作品を販売してしまって、画家でない人の持ち物になっても（所有権が移転することですね）、著作権は絵を描いた人（著作者）のところに残っています。いわば著作者の持ち物であり続けるのです。ただ、読者にお金を払わせて、自分の書いた作品を複製物の形で読んでもらうロドルフォは、著作権のシステムによってお金を得られるけれども、マルチェッロはといえば、原作品を売ってしまうこと以外には収入はなく（即座に画集にしたいと申し出てくれる人は、そうそう現れることはないわけですから）、このシステムの利点を十分に享受できないのです。

芸術家というものは、小説家などに比べると、お金持ちになりにくいと言いました。これに対しては、「これまで大勢の有名な芸術家がいたではないか」「みんな結構成功しているではないか」という指摘をされる方もいるでしょう。さらに、「そんなに貧乏ならば、芸術家になりたいという人はいなくなってしまうはずだ」という意見もあるでしょう。おっしゃる通りです。もちろん、芸術家すべてが『ラ・ボエーム』の二人のように貧しいわけではありません。しかし創作を生業として生活していく芸術家は、生まれつき銀のスプーンを口にくわえていた者を除いては、藤田嗣治が言ったように「腕《ブラ》一本[*2]」で創作しなければならず、そして、成功した芸術家となるためには、評判となって作品が売れて、顧客がついて、そして財を成すというプロセスが必要です。この点においては他の職業も同様といえばその通りなのですが、「著名で裕福な芸術家」あるいは「裕福に見える芸術家」になるまでの道のりは非常に厳しく、多くが等しく貧しく、何も持たない状態からスタートしているのです。もちろん、結果として有名になった画家もたくさんいますし、中には億万長者がいることも確かです。しかし、彼らの収入が基本的には不安定であり、無数の芸術家志望者が存在する中で、そのほとんどが歴史に名を残すことはないのが実情です。

そうなると、芸術家はどのようにして生計を立ててきたのでしょうか。

パトロンがいた!

中世のヨーロッパには、パトロンと呼ばれる人々がいました。その多くは王侯貴族であって、自分専属の芸術家を雇用し彼らに庇護《ひご》を与えていました。もちろん音楽も、文芸も、美術も同じ状況です。宮廷に楽師を呼び、好きな音楽を奏でさせ、宮殿内を美しい絵や彫刻で飾り、そこで、優雅に物語などを読みふけるという生活。王侯貴族の邸宅には、お抱えの音楽家や詩人や芸術家が住み込んでます。好きな音楽をipodで聴きながら、お気にいりの小説を文庫本や電子書籍で読みつつ、時折展覧会に行くというような生活は、今でこそ多くの人にとって簡単にできることですが、中世の一般の人々には考えられないことでした。音楽や文芸や美術といった「美しいもの」は、生活をしていくうえで、衣食住のような日々の暮らしになくてはならないものではありません。そのような「美しいもの」にお金を使い、所有するということは、限られた特権階級にのみ許された贅沢《ぜいたく》だったのです。

雇われた芸術家の生活費は誰が持つのかなどと、わかりきったことを聞いてはいけません。食費も家賃もお小遣いも、すべてご主人持ち。そう、彼はパトロンなのです。かのレオナルド・ダ・ヴィンチのパトロンとして名高いのはフランスの王様、フランソワ一世です。後にアングルによって、ダ・ヴィンチの臨終のシーンが描かれています。*3 豪華な天蓋《てんがい》つきのベッドに横たわる長く白い髭《ひげ》を生やしたレオナルドは、フランソワ一世の腕の中で最期を迎えています。生活の面倒も見ているわけですから、芸術家が病気になっても、このようにパトロンが手厚く看護することもあるのです。実際は、ダ・ヴィンチの臨終の時、フランソワ一世は用事で出かけていたという説が多いようですが、事実はどうあれ、この絵には、芸術家の臨終に立ち会って、彼の死を家族同然に悼むパトロン、フランソワ一世の姿が描かれているのです。

それでは、ここでいうパトロンとはどのような存在なのでしょうか。パトロンの存在を考える時、スポンサーと対比してみると、その差異は一目瞭然《いちもくりょうぜん》です。スポンサーが、広告のために出資をする出資者であるのに対し、パトロンは、芸術家が良い芸術を生むことに対してお金を出します。スポンサーの求める対価は、自社の広報や広告宣伝ですが、パトロンは、広義の芸術家の才能に対して生活を保障するのです。このパトロンという言葉、フランス語の辞書で引いてみると面白いことがわかります。資金出資者の意味の他に、たとえばPatron de Thèseというと、博士論文の指導教授のことを指すのです。フランス語のpère、イタリア語やスペイン語のpadreのように、父親を表す言葉に似ています(確かに、自分の論文でもないのに、一生懸命に良い論文が書けるようにアドバイスしてくれる指導教授は、ある意味で父のような存在であり、言葉のルーツを辿《たど》るまでもなく、事実上パトロンであることは自明なのですが)。

このパトロンの制度が未来永劫《えいごう》続いていくというならば、それはそれで、護《まも》る王様も道楽、護られる芸術家も幸せという八方丸く収まる話です。しかしながら、歴史は先へと歩を進め、社会は変化していきます。考えてみれば、これまで王様や貴族に富が集まり、栄華を誇ってきたというのも、富の再分配が公平に行われていなかったからにほかなりません。王政を打破して、民衆のための社会を作ろうという「革命」の時代がやってくるのです。

パトロン時代の終焉《しゅうえん》

少し時代を飛ばしましょう。フランスでは「ベルばら」の時代が過ぎ、それ以外の国々でも革命を経て、王様の首がはねられて、かつてパトロンの座にあった王侯貴族が没落していきます。それでは、かつて王侯貴族の家に住み込んでいた芸術家たちの暮らしはどうなったのでしょうか。彼らは、自分の力で生きていかなければならなくなりました。その一方で、芸術家たちはパトロン時代にはなかった表現の自由を手に入れました。かつて芸術家が描く対象は、ご主人様とその周辺にあるものに限られており、パトロンの好みに合わせた作品を作っていました。しかし、パトロンの保護がなくなった彼らは、外の世界を描き、一般の人々と同様に暮らしを立てるようになります。自分の題材を自分の考えで選べるようになったことから、芸術の多様性は増していきます。芸術は、とうとうお城の中から抜け出したわけですね。

少数の王侯貴族や大富豪が「芸術のパトロン」として君臨した時代の後に、市民社会の構成員、つまりは一般の人たちが、新たな「芸術の担い手」となったということができるでしょう。一般の人たちのための芸術というものが出来上がってきたことで、おのずと芸術が世に開かれることになったといえるのかもしれません。このため、この頃から展覧会があちこちで催されるようになりました。

時代が変わる時、社会の一分野だけではなく、その他の部分においても同時多発的な変革が起きます。新しい「時代」に移り変わるつなぎ目とでもいうべきなのでしょうか。絵画の傾向も、王侯貴族の生活をテーマとして、肖像画やら写真に撮ったように場面を克明に写し取る時代から、街角のカフェや農村の風景を描き出し、光や風を捕まえて描こうとする、印象派と呼ばれる人々が登場してきたのです。

現代のパトロンは著作権法?

さて、新たな「芸術の担い手」となった市民が(本書でいう広義の)芸術家をなんらかの形で保護するという時代がやってきました。しかし、一般の人たちは、王様ではない。お金もなければ僕《しもべ》もおりません。つまり、一国の王様のようなことができるわけではないのです。一口に市民の「パトロン」化といっても、家を与え、お給料を払って個人邸宅に住まわせることはできないのです。

そうなると、芸術家は就職先ばかりか住むところも失ってしまいます。もう一度、最初に戻って考えてみますと、芸術家はいかにして生活してきたのでしょうか。一般の人たちがパトロンに代わって何を負担してくれるのでしょうか。芸術家が一般の人たちにお金を払ってもらう最も簡単な方法は、描いた絵を買ってもらうことです。しかし、作品を売って代金を受け取ったら、以後お金は入ってきません。

その後もなんらかのお金がもらえる方法はと考えてみると、「著作権」というものがあります。駐車場であれば使用者が料金を支払い、レストランであれば食べた人が食事代を支払うように、(著作物の)複製物を作ったり利用したりした人がお金を払う、つまり、著作物を使う時に使用者が著作者に使用料を支払うということです。小説を書いて出版すると、一般に印税と呼ばれる著作権料が小説家に支払われる、そう、ロドルフォですね。作曲家の場合も、自分の作った曲が、映画に使われ、コンサートで上演されるたびに、またCDが売れた場合も著作権料が支払われます。そうなると、これは、王様が全額負担していた芸術家のための支出を、一般の(使用する)人たちがみんなでシェアしているということにはならないでしょうか。その観点からすると、著作権法は「現代における芸術家を保護する役割を担う法律」であるといえるかもしれません。

著作権法は芸術家を保護すると言いましたが、この法律では一般に「作品を創作した人」が保護されると規定されていて、それがまさしく小説家や詩人、作曲家や画家、彫刻家など、広義の芸術家を指すのです。著作権法は各国で少しずつ異なった規定になっていて、適用されるのもその国だけです。日本の著作権法はどうなっているかといいますと、創作者である「著作者」に「これだけの権利を与えます」と規定したうえで、特定分野の創作形態（たとえば映画とか）についてはこのように扱うとか、特定の状況（たとえば美術品の展示とか）については、例外としようというような取り決めが掲げられています。

著作権法と聞くと即座に、「法律だから難しいに違いない」と思う人がいるかもしれません。インターネット上には、海賊版や著作権法で侵害とされる複製物があふれていて、「自由にやっている人もいるのに」とか、「見つからないもの勝ち」「著作権法を守らなくても誰も被害を受けていない」という意見もあるでしょう。しかし、法律がどのようなものであるか、何が保護されていて何が自由に使えるものなのかという点について様々な誤った情報があふれている状況といえるかもしれません。まずは、著作権法が、どのようなものをいかなる形で保護しているのかという点について、見ていくことにしましょう。

何を保護するのか？　どう保護されるのか？

「著作権法」とは何でしょうか。

まず、著作権法というのですから、これは、一つの法律です。法律は面倒くさいと思うあなた、そんなことはありません。皆がわかるように書いてあるのが法律であって、そうでなければ皆が理解して順守すべき法律の本来の機能は果たされません。法律には、「このような人にはこんな権利がある」ということ、「このような行為は違法である／してはいけない」ということが書かれています。そして、日本という国において著作者の権利についてこうしようという取り決めが書かれているのが、我が国の著作権法であるわけです。

著作権法の第一条には、こんなことが書かれています。

第一条　この法律は、著作物並びに実演、レコード、放送及び有線放送に関し著作者の権利及びこれに隣接する権利を定め、これらの文化的所産の公正な利用に留意しつつ、著作者等の権利の保護を図り、もつて文化の発展に寄与することを目的とする。

「この法律では、作品を作った人（著作者）や演奏者（実演家）などの持っている、作品（著作物）とか演奏（実演）についての権利がどんなものかという取り決めについて書いています。また、この取り決めは、著作物や実演の他に、レコードとか、放送とか有線放送にも関係してきます。こういった文化的な財産を使う時には、みんなで偏《かたよ》りなく利用ができるように気をつけながらも、著作者の権利を守ってあげることで、文化が花開いていくための手伝いをすることを目的としましょう」ということです。

それでは、「著作権」とは何でしょう。どうも文化に関係あるらしい、音楽とか文芸とか美術の創作者を守るらしい。その通りです。音楽でいえば、CDとして売られている小田和正さんの「たしかなこと」と、ネットでダウンロードできる（正規サイトで有料配信される）「たしかなこと」と、テレビの歌番組などで歌われる「たしかなこと」は、いずれの形であっても、著作権が他人に譲渡されていない限りは（譲渡については後で説明します）、著作者に著作権料というものが支払われます。特にこの曲は、保険会社のコマーシャルソングとしても使われているので、コマーシャル画像と組み合わせた複製についての著作権料も発生しています。この場合、作詞も作曲も小田さんですから、小田さんは、言葉（歌詞）の部分、音楽（曲）の部分、両方の著作物の著作者であるということができるのです。また、ここでは詳しくは触れませんが、演奏（実演）している小田さんにも、実演家としての権利が発生しているのです。

文芸でいえば、宮部みゆきさんの『あんじゅう』という作品を単行本で読んでも、文庫本になるのを待って読んでも、あるいは、iPad用アプリとして発売されたものを読んでも、宮部さんが著作者であり、著作権料が宮部さんに入ることも変わりはありません。CDとか本自体はお金を出して買った人のものだけど、中に入っている曲だとか小説には著作者が持つ権利が存在しているということがおわかりいただけるかと思います。

具体的には、どんな権利があるのでしょうか。著作権法に規定されている「権利」と呼ばれるものは、大きく二つに分類することができます。それは、著作財産権と著作者人格権です。財産的価値を保護する権利（著作財産権）としては、複製権、譲渡権、展示権な

著作者（創作者）と著作権者の持つ権利	
著作財産権	**著作者人格権**
＊複製権（第21条）	＊公表権（第18条）
＊上演権、演奏権（第22条）	＊氏名表示権（第19条）
＊上映権（第22条の2）	＊同一性保持権（第20条）
＊公衆送信権（第23条）	
＊口述権（第24条）	＊名誉又は声望（第113条第6項）
＊展示権（第25条）	
＊頒布権（第26条）	
＊譲渡権（第26条の2）	
＊貸与権（第26条の3）	
＊翻訳権、翻案権（第27条）	
＊二次的著作物に関する原著作者の権利（第28条）	＊マークのそれぞれが、支分権です。

図1

どがあり、人格的価値を保護する権利（著作者人格権）としては、同一性保持権や氏名表示権などがあります。二九ページの図1に権利を書き出してみました。著作権法では、それぞれの権利について、「著作者は○○権を専有する」などという書き方で、権利があるということを示しています。専有というのは、「専《もっぱ》ら有する」、つまりは、世の中にその人以外には権利を持っている人はいないということなのです。そして、複製権や、譲渡権といったそれぞれ細分化された権利の一つ一つを「支分権」と呼んでいます。著作権、著作権と世間では言われますが、実際には、このような細かい権利が束になって存在することから、全体を指して、「支分権の束」という言い方をしています。これらは、創作者が作品を作った時点で、登録も報告も何もしなくても発生する権利なのです（第四章で詳しく述べますが、これを「無方式主義」と呼びます）。

このようなことを頭に浮かべながら、あるいは、時々図1を見直しながら、この先を読んでいっていただけると、わかりやすいと思います。

第二章　芸術家と著作財産権

この章では、著作財産権について見ていきましょう。第一章で、著作権は「支分権の束」であるとお話ししましたが、その束の中から私たちの生活によく登場する三つの権利を取り出して説明したいと思います。

コピーすること——複製権

コピーするというのは、どういうことでしょうか。考えてみれば会社にコピー機がなかった時代には、請求書でも納品書でも、カーボン紙を使った手書きのみでした。会社名で手紙を出す時にも、下書きをもとに（もちろん手書きで）清書していました。その後、コピー機が学校や職場、コンビニエンスストアなどにまで普及したことで、コピーという行為は日常生活の一部になり、人々はコピーすることに対して何の罪悪感も感じなくなりました。しかし、コピー機に原稿を置いて、「スタート」ボタンを押す行為が著作権法上で持っている意味合いは、もう少し複雑です。

コピーとは複写（あるいは複製）することですから、もし、今ボタンを押そうとしているそのコピー機の中の原稿が、誰か他人が作った「著作物」と呼ばれるものであったのならば、その人に「複製してもいいですか」と許可を得ることなくボタンを押したあなたは、「複製権侵害」という犯罪者的な行為をしていることになるかもしれないのです。なぜなのでしょう。その理由は、著作権法第二十一条に著作者には複製権があると定められているからなのです。

第二十一条　著作者は、その著作物を複製する権利を専有する。

「作品を作った人（著作者）には、その作品を複製することについての独占的な権利があって、これは、その人だけが持つ権利です」という意味です。そうすると、他の人が複製したければ、どうしたらいいのだろうかと思うでしょう。その点についても法律に書かれています。

第六十三条　著作権者は、他人に対し、その著作物の利用を許諾することができる。

「著作権を持っている人（著作権者）は、他人がその作品を使う（利用する）ことについて、許可（許諾）を与えることができます」という意味です。つまり、作った人に使ってもいいよと言われたら、この場合は複製してもかまわないことになるのです。

さて、二つの条文をよく見てください。第二十一条では「著作者（作った人）」となっていますが、第六十三条では、「著作権者（権利を持っている人）」となっています。著作者と著作権者は少しだけ意味が違います。

第六十一条　著作権は、その全部又は一部を譲渡することができる。

「著作権という権利は、支分権の全部あるいは一部分を、他人に譲り渡すことができます」という意味です。

作った人は「著作者」なのですが、著作権という権利は人に譲り渡すこと（譲渡）ができるものですから、実際に作った人と、今著作権を持っている人が同じでないことがあります。著作権を持っている人というのが「著作権者」です。第一章で、小田和正さんの「たしかなこと」について、「著作権が他人に譲渡されていない限りは」著作権料が支払われると言ったのは、このためなのです。

さらに、著作権者は、権利を譲渡された人だけではなくて、「著作者の没後の権利者」である可能性もあります。

第五十一条　著作権の存続期間は、著作物の創作の時に始まる。

2　著作権は、この節に別段の定めがある場合を除き、著作者の死後（共同著作物にあつては、最終に死亡した著作者の死後。次条第一項において同じ。）五十年を経過するまでの間、存続する。

「著作権という権利は、作品を作った時に発生して、作った人が亡くなってから五〇年を過ぎるまでは保護され続けます（ただし、何人かで一緒に作った「共同著作物」と呼ばれる作品の場合には、一緒に作ったメンバーのうちで最後に亡くなった人の没後五〇年となります)」という意味です。

原則として著作者が亡くなってから五〇年間権利があるのですから、本人が亡くなった後には、通常遺族が著作権を相続することになります。つまり、「著作権者」は、著作者、著作権を譲り受けた人、著作者の死後に著作権を相続した人などがありえるわけです。ですから、第六十三条でいう「許諾」ができるのは「著作権者」と表現されているわけです。

さて、著作者または著作権者には、人に利用を許す権利があるということはわかりました。しかし、そうはいっても、世の中には、最初から複製行為を許しておいた方がいいケースもあります。たとえば、その複製が学校で先生たちが使うという教育目的の場合、目の不自由な方のために拡大するというような弱者保護を目的とした場合などがあります。そこで、複製の用途によっては、例外として著作権者の許可なく複製できることにしようということも、第三十条から第四十九条で規定しています。第三十条では、私的使用のための複製といって、個人的に、あるいは家庭内で、使用する場合が挙げられています。身近な例ですと、テレビ番組の録画があてはまりますね。著作権者に許可を取ることなしに、録画したものをコピーして他人に売ったりすると、もちろん私的な範囲での使用にはならないので複製権侵害となってしまいますが（ここでの説明は省きますが、放送局の持つ著作隣接権の侵害にも相当します）、放送する時間に外出しているから、後で見るために録画するということであれば、私的な使用ですから、例外的に複製してもかまわないことになるのです。先ほどのコピー機を使用する場合についても、私的複製であるならば侵害にはならないということになります。

ネット上の「駅前掲示板」に貼《は》り出すこと――公衆送信権

コピー機でコピーするのも、コンピュータを使ってコピーするのも、やはりコピーであって「複製」になりますが、実は、コンピュータについては、もう一つ似たようで少し違う公衆送信権という権利があります。一九九〇年代後半からインターネットは瞬く間に世界中に広がり、ネット上で多くの人に発信するという行為が一般化しました。特別コンピュータに詳しい人だけではなく、誰にでもできるようになったのです。そのような中、一九八六年の著作権法改正で、同一の内容のものをいっせいに送信すること（公衆送信）および自動公衆送信について明確に規定されました。

第二十三条　著作者は、その著作物について、公衆送信（自動公衆送信の場合にあっては、送信可能化を含む。）を行う権利を専有する。

（第二項は略）

「作った人（著作者）には、作品をみんなに（公衆に）送信することについての権利があります。送信された作品を、（実際には誰も見ていなくても）見ようと思えば見ることができる状態にすることもこの権利に含まれます」という意味です。

さて、公衆送信とは何でしょうか。公衆に送信するというからには、誰か一人の人に送信することとは違います。インターネットがよくわからない方は、一対多対応の送信、つまり一回送ったら多くの人がそれを見ることができる、「駅前の掲示板」に貼り出すようなことを想像していただければいいかと思います。ここでいう公衆とは、（多数少数にかかわらず）不特定の人々あるいは特定多数の人々を指します。

さて、今や一般の人々が自分自身の「駅前掲示板」を持つ時代がやってきました。いわゆるブログです。誰でもが、自分の掲示板を持って、そこから情報を発信できるようになったのです。個人が自分の意見や情報を発信するツールを手にしたことはすばらしいことです。

この貼り出す行為、つまりは、一回インターネットに掲載することによって、多くの人々がその情報を見ることができる状態にすること、これが公衆送信です。著作者は、複製権の他に公衆送信権も専有しているのです（著作権者は他人に利用許諾をすることができるわけですから〈第六十三条〉、誰かの著作物を「駅前掲示板」にのせる時には、許可をとる必要があります）。

どちらにしても、自分でネット上にコピーを作るのだから、複製ではないかと思うかもしれませんが、厳密には、複製物を作って、「駅前掲示板」に掲載したとすれば、掲載した時点で不特定（多数・少数）あるいは特定多数の（公衆と呼ばれる）人々の目に触れることになります。そこで、複製権とは別に、著作物をネット上で公衆の目に触れさせる行為についての公衆送信権という規定を設けたのです。具体的には、誰かの小説を販売用に勝手にコピーしたとすれば、それは複製権の侵害となりますが、同じ小説のコピーをメールに添付して（公衆とされる）多くの人に送信したり、ブログに掲載して公開したりした場合は、公衆送信権の侵害ということになるのです。

違法に複製された掲示物をコピーすること——複製権の例外の範囲

ここで、受け手側の話も少ししておきましょう。（著作物を）公衆に送信する送り手の行為は公衆送信に相当しますが、受け手側がダウンロードすることは、著作権法のうえではどのようなことを意味するのでしょうか。ダウンロードするということは、ネット上に置かれた著作物を自分のパソコン上にコピーすることになりますから、「公衆送信」ではなくて、「複製」行為です。それでは、違法にネット上に置かれた著作物をダウンロードしてしまっても、個人的に使用するのであれば、その人は犯罪を犯したことにならないのでしょうか。

複製権のところでお話ししたように、私的使用という例外規定がありますから、現在、ネット上に掲載されている著作物をダウンロードして、私的に使用する（自分のパソコンの壁紙にするとか、プリントして見るとか）場合であれば、著作権法の例外として使用が認められています。

第三十条　著作権の目的となっている著作物（以下この款《かん》において単に「著作物」という。）は、個人的に又は家庭内その他これに準ずる限られた範囲内において使用すること（以下「私的使用」という。）を目的とするときは、次に掲げる場合を除き、その使用する者が複製することができる。

（第一号は略）

二　技術的保護手段の回避（技術的保護手段に用いられている信号の除去又は改変（記録又は送信の方式の変換に伴う技術的な制約による除去又は改変を除く。）を行うことにより、当該技術的保護手段によつて防止される行為を可能とし、又は当該技術的保護手段によつて抑止される行為の結果に障害を生じないようにすることをいう。第百二十条の二第一号及び第二号において同じ。）により可能となり、又はその結果に障害が生じないようになつた複製を、その事実を知りながら

行う場合

三　著作権を侵害する自動公衆送信（国外で行われる自動公衆送信であつて、国内で行われたとしたならば著作権の侵害となるべきものを含む。）を受信して行うデジタル方式の録音又は録画を、その事実を知りながら行う場合

「著作権で保護される作品については（複製する権利は著作者にあるので、許可を取らなければならないはずなのですが）、使用の目的が、自分のための複製とか、家族のための複製の範囲内であれば、複製してもかまいません」という意味です。さらに、「そうはいっても、以下に挙げるようなことをした場合には、例外には含まれません。複製を防止するためのプロテクションを解除して複製ができるようにすること（第二号）、そして、著作権侵害にあたる公衆送信を受信して、デジタル方式の録音や録画を、侵害であると知っていて行う場合（第三号）」となっています。

ダウンロードとは、何枚も同じポスターを貼ってある「駅前掲示板」から、一枚もらってくるようなものです。ネットの特殊性は、このポスターが何枚はがしてもまだある、つ

まりは、いくらダウンロードしても、減っていかないというところにあります。画像やテキストをダウンロードした場合でも、私的複製の範囲であれば、一応問題はないのです。

それでは、市販されているあるいはレンタルのＤＶＤについても、私的複製であれば、問題にはならないのでしょうか。第三十条第一項第二号では、たとえ私的使用のためであっても、かけられているプロテクションを勝手に解除して複製したら侵害したことになると規定しています。ここで意味しているのは、「プロテクションをはずして複製したかどうか」なのです。ピッキングで他人の家のカギを開けて侵入したらいけないのと一緒で、たとえ私的使用が目的であっても侵害となってしまいます。

それでは、プロテクションをはずしさえしなければ、私的複製を行ってもかまわないのでしょうか。第三十条第一項第三号によれば、著作権者の許諾なしに、誰かが勝手に掲載した侵害物だろうとわかっていてダウンロードしたら、侵害となります。歌手の所属プロダクションや、iTunes のような正式な販売サイト以外の、著作権表示もなく「無料でダウンロード」とうたっているような「怪しい」サイトから、映像や音声をダウンロードして録音・録画するような場合は、もともと違法なものとわかっていたわけですから、侵害行為となるのです。

覆面をしてピストルを持って、札束を詰め込んだ大きなボストンバッグを抱えている、どう見ても銀行強盗帰りの人から、お金をもらったらいけないのと一緒ですね。あまり、そういう強盗に会うことはないでしょうが、しかし、ネット上には、強奪された札束に等しい著作物が氾濫《はんらん》しているのです。

翻訳することも、著作権？——翻訳権、翻案権

三つ目の権利を紹介しましょう。翻案権です。著作者は、著作物を翻訳し、編曲し、もしくは変形し、または脚色し、映画化し、その他翻案する権利を持っています。ある著作物を他の言語に翻訳するとか、もともと存在した曲を編曲する、彫刻作品を変形したり、小説を芝居用に脚色したり、映画化したりということですから、どれも、最初に存在していたなんらかの著作物に何か一味加えることになります。そうすると、もとの作品を作った著作者がいて、その作品から別の作品を作る人がいる場合も多くあるわけです。

もとの作品を原作品、もとの著作物を原著作物といい、もとの作者を原著作者といいま

す。そして、著作権法には、原著作者が、原著作物を翻訳、編曲、変形、映画化などの翻案に関する権利を持っていると規定されています。

第二十七条　著作者は、その著作物を翻訳し、編曲し、若しくは変形し、又は脚色し、映画化し、その他翻案する権利を専有する。

「作品を作った人（著作者）には、その作品を外国語に翻訳したり、形を変えてみたりする権利があり、その人だけが持っている権利です」という意味です。

原著作物がなければ、翻訳という行為そのものが成り立たないわけですから、原著作者に許諾を取らないと翻訳できないということになってきます。ということは、翻訳（あるいは編曲、変形、脚色、映画化）をして新たな著作物を作ること自体について、原著作者に権利があるということになります。それでは一味加えて出来上がった、新しい著作物、つまりは翻案物についての権利はどのようになっているのでしょうか。

たとえば、夏目漱石の『吾輩は猫である』を英語に翻訳するとしましょう。「吾輩は猫である。名前はまだ無い。どこで生れたかとんと見当がつかぬ」という冒頭部分を、ある人は、「I am a cat. I have not got a name yet. I don't figure out where I was born.」という具合に始め、別の人は、「I am a cat, without a name. I don't care where my birthplace was.」などと訳すかもしれない。「Just a cat, I am. No name. Not known where I was born.」というのもあるかもしれない。となると、日本語の文章と同じ意味合いの英語の文章に翻訳するという行為は、一対一対応の固定した言葉の置き換えではなくて、翻訳者が、英語にしたら同義となると思う自分の言葉で表現していることになります。言い換えれば、原著作物をもとにして、翻訳者が一味加えた新しい著作物を作っているのです。しかし、原著作物をもとに翻訳しているのですから、原著作者から翻訳に関する許諾を取る必要があります。「ハリー・ポッター」シリーズの日本語版の翻訳者は、原作者のJ・K・ローリングさんに許諾を取って訳しているということですね。

それでは、原著作物をもとに翻案された、つまりは新しい創作性が付け加えられた作品については、誰が著作権を持つのでしょうか。これについても著作権法ではきちんと規定しているのです。

第二十八条　二次的著作物の原著作物の著作者は、当該二次的著作物の利用に関し、この款に規定する権利で当該二次的著作物の著作者が有するものと同一の種類の権利を専有する。

「ある作品をもとにして新しい作品（二次的著作物）を作った人（二次的著作物の著作者）にも、やはり、複製権とか公衆送信権というような著作者の権利がありますから、この二次的著作物を使う場合には、作った人に許諾を取らなければいけません。それと同時に、もとにした著作物（原著作物）を作った人（原著作者）にも、新しい作品を作った人と同じ種類の権利があるのです」という意味です。

原著作物をもとにして作った新しい著作物のことを二次的著作物といいます。「ハリー・ポッター」シリーズでいえば、二次的著作物の著作者、つまり日本語の『ハリー・ポッターと賢者の石』の翻訳者が持つ二次的著作物に関する権利と同じものを、英語の原著作物『Harry Potter and the Philosopher's Stone』の作者も持っているということを表しています。たとえ、英語の原著作物の保護期間が終了したとしても、翻訳家の著作権保護期間が残存していれば、翻訳者の権利は存続しています。

これは、翻訳に限らず、音楽の編曲をしたり、美術作品を変形したり、脚色や映画化などにおいても同様です。

それでも芸術家はまだ貧しい

ここまで、三つの著作財産権を見てきました。財産権には、この他にも、第一章の図1にあるような多くの支分権が含まれています。これだけたくさんの権利があるのですから、著作者であるというだけで簡単に収入を得ることができると思う方もいるかもしれません。しかし、著作権による報酬を得るためには、売れなければならないのです。これは、歌の作詞家作曲家でも、小説家でも同じです。*La Bohème* の詩人ロドルフォがお金持ちになるためには、詩集（複製物）が出版されて売上部数が上がる、つまり、複製する冊数が増加することで、複製権による報酬がたくさん手に入らなければなりません。

それでも、詩人のロドルフォには著作権料が入ってくる可能性があります。それに対して、ロドルフォの相方《あいかた》、画家のマルチェッロはどうなるのでしょうか。画家であっても詩人であっても、著作者ですから複製権が与えられています。ロドルフォの詩が売れてお金が入ってくるならば、マルチェッロの絵も売れたらお金が入ってくるはずです。しかし、残念ながら、そうだと言い切ることはできないのです。なぜかといえば、画家の場合、作った作品そのものを販売していくことで収入を得るわけですから、文芸作品のように、作品を複製して出版することで（複製権によって）報酬を得る機会は少ないからなのです。

著作権があっても、画家にはそう簡単にお金が入ってこないという典型的な例として、現在パリのオルセー美術館に所蔵されている「晩鐘」という絵が、フランスの国に所有されるようになるまでの経緯を見てみましょう。

フランス革命から半世紀、バルビゾン派の画家ミレーが「晩鐘」を描いたのは一八五〇年代です。ある画商が、その月にミレーの描いた作品を一〇〇〇フランですべて買い取るという契約を結びました。絵画が売れることで、ミレーは生活の糧を得ます。しかし、受け取った一〇〇〇フランは、食事代やら新たなキャンバス代、家賃など諸々の生活費に消えていきます。ですから、さらに描き続けないとその後の収入はありません。

そうなると、うらやましいのは小説家や詩人です。彼らの作品は、本になって（複製されて）いますから、売れたらより多くのお金がもらえます。一作品を書いて当たれば、一生何も書かなくてもいいという場合さえ出てくるのです。この状況は、これまでお話しした財産的権利、すなわち、著作財産権の中の複製権というものが、複製という形をとらない美術の著作者の販売体制においては利益を生む形で機能していないということになります。

それではミレーだって、人に複製物を作ることを許諾して、著作権料をもらったらいいではないかということになります。しかしながら、まったく無名な画家の作品の複製物を作って売り出そうという話はなかなかありませんし、作品集を出すほどの点数もなく、また十分著名でない場合、出版してくれるところもないのです。

そんな中、一八六〇年にミレーが一〇〇〇フランで売り払った絵画、「晩鐘」はどうなっているのでしょうか。ミレーの絵がこれからどんどん売れるようになると睨《にら》んだ画商が買い取ってくれたわけですが、その後、一八六九年に印象派の擁護者として名高い画商が手に入れた時には、その価格はすでに三万フランに達していたというのです。たった九年で三〇倍になったのかと驚いているあなた、まだまだ上がります。皮肉なことに価格が急騰したきっかけは、ミレー自身の死でした。一八七五年に作者が亡くなってしまうと、当然のことながら、彼の手による作品は新たに描かれることはないわけですから、当時現存していた作品のみが、ミレーという作者によって描かれた作品ということになります。それゆえ、希少性が高まり、一八八一年には三〇万フランになっているのです。二一年で当初の売り値の三〇〇倍です。転売を繰り返した後、最終的に「晩鐘」につけられた価格は、一八九〇年の八〇万フランでした。この時購入した人は、生涯「晩鐘」を手放すことはなかったために、当初の八〇〇倍というところで価格の上昇記録は止まるわけですが、その所有者の没後はルーヴル美術館に寄贈され、フランス国家の所有になったということです。それで今私たちは、パリのオルセー美術館の一階で、あるいは、世界のどこかの巡回展で「晩鐘」を見ることができるのです。

ミレーの作品は没後一五年で八〇万フランになっていますが、ミレー一家は最初に「晩鐘」を販売した対価一〇〇〇フランを手にしたのみです。そのうえ、価格が急上昇したのはミレー本人の死後ですから、その後ミレーは作品を作ることもできません。そして、作らなければ何も収入を得ることはできないのです。これが、小説家だったら、作曲家だったら、作品の価値が上がった時点で、複製物が売れて、その分け前が作者や家族に支払われるのは明白です。美術品の作者もなんとかこのうちの一部を受け取ることはできないのでしょうか。最初に受け取った金額に比べて、八〇〇倍にまで上昇しているのですから。

第三章　芸術家と著作者人格権

第一章で、著作者には、財産的な権利としての著作財産権と、人格的な権利としての著作者人格権があると言いました。第二章では、著作財産権について説明してきました。

第三章は「著作者人格権」です。作品を作る主人公を指す言葉「著作者」の「人格的価値」を保護するものです。何かものすごく、かっこいい響きではありませんか。「彼は人格者だ」と言われたら、立派な人と同義です。類語辞典で引くと、人間の品位、品性、人柄などが挙げられます。著作者人格権は、創作者なら誰でも考える創作物の扱いに係わる基本的な希望を満たすための権利なのです。

大きな特徴としては、人にあげられない（譲渡不能の）権利であり、私はこの権利はいりませんということができない（放棄不能の）権利だという点が挙げられます。

著作者人格権には、三つの権利があります。

公表権

いつ作品を最初に公表するかを決定する権利です。

第十八条　著作者は、その著作物でまだ公表されていないもの（その同意を得ないで公表された著作物を含む。以下この条において同じ。）を公衆に提供し、又は提示する権利を有する。当該著作物を原著作物とする二次的著作物についても、同様とする。

2　著作者は、次の各号に掲げる場合には、当該各号に掲げる行為について同意したものと推定する。

一　その著作物でまだ公表されていないものの著作権を譲渡した場合　当該著作物をその著作権の行使により公衆に提供し、又は提示すること。

二　その美術の著作物又は写真の著作物でまだ公表されていないものの原作品を譲渡した場合　これらの著作物をその原作品による展示の方法で公衆に提示すること。

三　第二十九条の規定によりその映画の著作物の著作権が映画製作者に帰属した場

合　当該著作物をその著作権の行使により公衆に提供し、又は提示すること。

（第三項以下は略）

「作品を作った人（著作者）には、作品を公表する権利があります。しかし、作った人が同意していないのに公表されてしまった場合には、公表されたことにはならず、作った人の公表権がなくなってしまうわけではありません。未公表の作品だけではなくて、未公表の作品をもとにして作った別の作品（二次的著作物）についても、同じことがあてはまります（第一項）」という意味です。

自分が満足していない作品を知らない間に友人がコンクールに出品してしまった場合、それはいやだけれど、我慢した方がいいのかと悩む方もいるかと思います。友情とか義理人情はともかく、著作権法に関していえば、本人が最初に公表する権利を持っているわけですから、それは困ると主張することができます。フランスでも、画家が失敗作だといって破り捨てた絵を、画商が拾ってきてもとの形に戻して販売してしまった事件[*4]があります。たとえ捨てられたものであっても、この画商には公表する権利はありません。

また、ある作品をもとに作られた別の作品（第二章で述べた「翻訳・翻案」による二次的著作物）についても、原著作物（もとの作品）をその作者が公表する前に、許諾なしに二次的著作物を公表することはできません。たとえば、制作途上の作品を友人に見せたら、友人がそれをもとに別の作品を作ってしまったという場合、友人は、この人の許諾を取らなければ自分の作品を公表することができないのです。第一項の後半部分の「当該著作物を原著作物とする二次的著作物についても、同様とする」というのは、このようなことを意味しています。

しかし、未公開の作品の「著作権」を譲渡した場合には、譲渡された人がその作品を公開することについて同意したと推定されることになります（第二項第一号）。たとえば、ある曲の著作権が作曲家からレコード会社へと譲渡された場合、レコード会社はその曲を販売する目的で著作権を買い取ったわけであり、新曲キャンペーンなどを行って販売を促進させようとするのは当然でしょう。つまりは、譲渡した作曲家もそれを承知していたと推定されるわけです。

未公開の美術の著作物や写真の著作物の、「著作権」ではなくて、「原作品」を譲渡した時も、同様に、購入者がその作品を展示するために手に入れたと考えられるので、公表について同意していると推定されることになります（第二項第二号）。著作者がその可能性を受け入れたうえで譲渡していると考えられるからです。

氏名表示権

自分の作品が公に展示されたり、上演されたり、複製されたりする時、「私が作者であることをきちんと表示してください」と主張することは、作者であれば誰もが望む当然の権利です。加えて、「表示しないでください」と言うことも、どのように表示するかを決定することもできる権利でもあります。

第十九条　著作者は、その著作物の原作品に、又はその著作物の公衆への提供若しくは提示に際し、その実名若しくは変名を著作者名として表示し、又は著作者名を表示しないこととする権利を有する。その著作物を原著作物とする二次的著作物の公衆への提供又は提示に際しての原著作物の著作者名の表示についても、同様とする。

2　著作物を利用する者は、その著作者の別段の意思表示がない限り、その著作物につきすでに著作者が表示しているところに従つて著作者名を表示することができる。

3　著作者名の表示は、著作物の利用の目的及び態様に照らし著作者が創作者であることを主張する利益を害するおそれがないと認められるときは、公正な慣行に反しない限り、省略することができる。

（第四項以下は略）

「作品を皆が見る場所に提供したり提示したりする場合に、著作者の名前を表示してもらうこと、実名やペンネームなどの変名を作者名としてもらうこと、表示しないでもらうことについては、作った人（著作者）に権利があります。この作品をもとにして作った二次的著作物の場合も、元にした作品の作者には同様の権利があります」という意味です。

「ジョン万次郎事件」（知財高裁　平成十八年二月二十七日判決　平成17（ネ）第10100・10116号）は、ある彫刻家がジョン万次郎の彫像制作を依頼されて制作しましたが、彫像の下に刻印されたのは、実際の制作者ではなくて、地方自治体から依頼を受けたコーディネータ名であったとして、作者が訴えた事件です。この裁判では、第一審、控訴審ともに、彫刻家に第十九条第一項の氏名表示権があると認められました。

もし、この彫刻家が訴えを起こすことなく、まあ一体くらいはかまわないというように放置してしまったとしたら、どうなっていたでしょう。第二項では、「著作物を利用する者は、その著作者の別段の意思表示がない限り、その著作物につきすでに著作者が表示しているところに従つて著作者名を表示することができる」と規定されています。そうなると、たとえば、この彫像を写真に撮った（複製ですね）利用者が、彫像の表示に従った作者名を記載してしまうことにもなり、さらなる混乱を招くことも考えられるのです。

しかし、例外もあります。著作物の利用において、名前を表示しなくても、「著作物の利用の目的及び態様に照らし著作者が創作者であることを主張する利益を害するおそれがないと認められるときは、公正な慣行に反しない限り、省略することができる」ことになっています（第三項）。それでは、「目的及び態様に照らす」「利益を害するおそれ」「公正な慣行」とは、いったい何でしょう。第三項によれば、「著作者の名前を表示することについては、その著作物を何のために、どうやって使うか考えてみて、『この人が著作者だ』

と言わないことで、作った人が著作者であることを主張する利益を害さないと認められるならば、通常行われている範囲であれば、省略してもいいことにしよう」ということになります。具体的な例を挙げるとすれば、ＢＧＭ（バック・グラウンド・ミュージック）の場合には、作曲者名をいちいち言わずに流してよいということです。

同一性保持権と名誉または声望を害する方法による利用

最後が「同一性保持権」です。文芸作品であれば、本人に許しを得ることなく、勝手に文章を変えてしまわないこと、音楽であれば音や歌詞などを変えないこと、つまりは、著作物が作られた時の形を維持することを主張できるという権利です。

第二十条　著作者は、その著作物及びその題号の同一性を保持する権利を有し、その意に反してこれらの変更、切除その他の改変を受けないものとする。

2　前項の規定は、次の各号のいずれかに該当する改変については、適用しない。

一　第三十三条第一項（同条第四項において準用する場合を含む。）、第三十三条の二第一項又は第三十四条第一項の規定により著作物を利用する場合における用字又は用語の変更その他の改変で、学校教育の目的上やむを得ないと認められるもの

二　建築物の増築、改築、修繕又は模様替えによる改変

三　特定の電子計算機においては利用し得ないプログラムの著作物を当該電子計算機において利用し得るようにするため、又はプログラムの著作物を電子計算機においてより効果的に利用し得るようにするために必要な改変

四　前三号に掲げるもののほか、著作物の性質並びにその利用の目的及び態様に照らしやむを得ないと認められる改変

「作品を作った人（著作者）には、作品と作品のタイトルについて、作った時と同じ形にしておいてもらう権利があります。作った人の気持ちに反して変更する、どこかを切り取る、その他の変更をされないこととします」という意味です（第一項）。

同一性保持権にも例外が四種類あります。一つ目は、学校教育で旧かなづかいやまだ学

校で教えていない漢字を含む著作物を使う場合、もとの作品で使われているものをそのまま使わず、現在使われているひらがなや漢字に直しても、同一性保持権の侵害にはなりません（第二項第一号）。二つ目は、建築物の増築、改築、修繕または模様替えによって改変が行われる時です（第二項第二号）。極端なことをいえば、同一性保持権を護るために、雨漏りを我慢して、室内で傘をさしながら生活する必要はないということです。三つ目は、特定のパソコンだけで使用できるソフトウェアを別のパソコンで使えるようにすること、あるいはソフトウェアのバージョンアップをすること（第二項第三号）。そして四つ目は、前の三つ以外のやむをえない改変ということになります（第二項第四号）。

さらに、公表権、氏名表示権、同一性保持権の他に「みなし侵害」と呼ばれるものがあります。これまで見てきた著作者人格権は、第十八条、第十九条、第二十条に書かれていますが、第百十三条では、侵害とみなされてしまう様々な行為について書かれており、実際に、この三つの著作者人格権そのものを侵害したものではないけれど、著作者の「名誉又は声望」を害することを行えば、それは著作者人格権を侵害したのも同然であると規定しています。

第百十三条　6　著作者の名誉又は声望を害する方法によりその著作物を利用する行為は、その著作者人格権を侵害する行為とみなす。

「作った人（著作者）の名誉が穢《けが》されるとか、作った人の声望が害されるというような方法で作品を使うことは、（公表権、氏名表示権、同一性保持権の侵害にはあてはまらないとしても）著作者人格権を侵害したことと同じとみなします」という意味です。「みなす」というのは、実際にしていなくても、同じことだとすることを意味しますので、この条文で示している内容を「みなし侵害」とも呼びます。

では、何をもって名誉が害されたとか、声望が地に落ちたというのでしょうか。名誉も声望も抽象的な概念なので難しいのですが、たとえば何かで表彰されているとか、この分野では卓越しているという評判を守ろうとする場合と考えられます。よく例に挙がるのが、芸術作品として描かれた裸婦像が、ヌード劇場の看板に使われてしまったというようなケースです[*5]。つまり、著作財産権としての複製権侵害に加えて、画家にとっての芸術的作品が、本来の目的と離れたヌード劇場の宣伝広告に使われるというような、名誉または声望を害する使用であることから、著作者人格権をも侵害しているということになるということです(もちろん、著作者が、このような使用に対して名誉を害されたという受け取り方をせずに、複製権の侵害だけを主張するということもありえますが)。

第二章で見てきた財産権の場合は、著作者に権利があるのだから、それ以外の人たちが利用する場合には許諾が必要でした。しかし、他の人にその権利自体を譲渡することもできるわけで、お金を払って譲渡してもらった人が収益を得るという、文字通り財産的な権利というわけです。一方で、著作者人格権は、自分の作品に関して、好きな時に公表する、作者名を表示する、勝手な改変はさせないという、考えてみれば、著作者として当然の権利であるということがわかります。当然著作者が持つべき権利であるわけですから、それを他人に譲渡することはできないことになります。

第五十九条　著作者人格権は、著作者の一身に専属し、譲渡することができない。

「著作者人格権は作った人（著作者）だけに属するものであって、他の人に譲渡することはできない」という意味です。

第二章で、著作権を持つ「著作権者」には、作った人の他に、譲り受けたり相続したりして現在著作権を持っている人も含まれるという説明をしましたが、著作者人格権は他人に譲り渡すことができません。作った「著作者」本人だけが持つ権利ですから、「著作」人格権とはいわず、「著作者」人格権というのです。

そんな著作者人格権の中で、美術作品の同一性保持権にまつわる事件には、興味深いものが多くあります。著作物の同一性を保持するとはどういうことかを理解するためにも、ここで、同一性保持権をめぐる事件をいくつかご紹介しましょう。

同一性保持権の事件簿

さて、事件です。最初に言えるのは、どれだけ興味深い事例であり、かつ、皆が知っている話であっても、裁判所に訴え出なければ裁判例とはなりません。よくミステリー小説で、死体がなければ殺人事件にはならないなどと言いますが、裁判所に訴えなければ判決も出ないのです。まずご紹介するのは、そのような、裁判にこそならなかったものの、皆さんによく知られている事件です。

●歌詞を増やしたらいけません――「おふくろさん」事件

少し前になりますが、日本を代表する歌手である森進一さんが原曲と違う「おふくろさん」を歌唱したことから、毎日ワイドショーをにぎわした事件、覚えてらっしゃるでしょうか。

「おふくろさん」という楽曲は、一九七一年に発売されました。森さんは、この曲で同年のレコード大賞最優秀歌唱賞をとっています。あるコンサート用に、森さん（というよりもプロダクション側の考えだったのでしょうが）は、曲の最初に新たな部分を挿入して歌いました。その部分の作曲は、もともとの曲の作曲家が行い、その部分の作詞は別人が行いました。しかし、挿入部分については作詞家に許諾を得ることもないままに何年か経ちました。そして、森さんが紅白歌合戦で新しい部分を付け加えた形の「おふくろさん」を歌ったのを聞いて、作詞家が激怒したのです（一説には、作詞家は一〇年ほどやめるように求めていたという話もあります)。

森さんはもう何年もこのバージョンを歌ってきているし、自分の代表曲であるわけですから、相当当惑されたことでしょう。一方、歌詞を作った創作者としては、自分の作った完成版に知らないうちに別の部分が付け加えられていたというのは(事前に改変したいという申し出もなかったわけですから)、たいへん不本意なことだったでしょう。ただし、もとの歌詞にはなんら手は加えられていないので、「歌い始めに別の歌を口ずさんだ」という解釈もできるかとは思います。しかし、「おふくろさん」と紹介されて歌う一つの曲の中に、別の歌の部分が差し込まれたという見方をすれば、この追加部分は同一性保持権の侵害とされる可能性があるといえるのです。

さて、この事件を聞いて、裁判所での争いになるのだろうかと思われた方も多いかと思いますが、結局作詞家は亡くなり、著作権を引き継いだご子息が、森さんと和解されたと聞いています。本人だけに権利がある同一性保持権は、本人の没後はどうなるのでしょう。

第六十条　著作物を公衆に提供し、又は提示する者は、その著作物の著作者が存しなくなつた後においても、著作者が存しているとしたならばその著作者人格権の侵害となるべき行為をしてはならない。ただし、その行為の性質及び程度、社会的事情の変動その他によりその行為が当該著作者の意を害しないと認められる場合は、この限りでない。

著作者人格権は、作った人（著作者）だけが持つものです。しかし、「仮に作った人が亡くなった後であっても、もし生きていたら、著作者人格権を侵害したことになるような行為をしてはいけません。しかし、そうはいっても、社会の事情とか環境が変わるというようなことから、本人の気持ちを害しないだろうと考えられる場合には、必ずしもいけないということではありません」という意味です。

作詞家のご子息は、まさに「父はすでに改変を許していたが言い出せなかった」という内容のお話をしています。つまり、第六十条でいう、著作者が存していても、著作者人格権の侵害となるべき行為にはあたらないということです。

そうなると、著作者の没後に、「本人が存していたら侵害となる」と主張できるのは誰なのでしょうか。

第百十六条　著作者又は実演家の死後においては、その遺族（死亡した著作者又は実演家の配偶者、子、父母、孫、祖父母又は兄弟姉妹をいう。以下この条において同じ。）は、当該著作者又は実演家について第六十条又は第百一条の三の規定に違反する行為をする者又はするおそれがある者に対し第百十二条の請求を、故意又は過失により著作者人格権又は実演家人格権を侵害する行為又は第六十条若しくは第百一条の三の規定に違反する行為をした者に対し前条の請求をすることができる。

（第二項以下は略）

「著作者が亡くなった後、もし著作者が生きていたら著作者人格権の侵害になるような行為をする人、あるいはそのおそれのある人に対して侵害行為の停止や予防を求めることができるのは、夫または妻、子供、両親、孫、祖父母、兄弟姉妹です。これは、作った人（著作者）の遺族についてだけではなくて、演奏者や俳優（実演家）の遺族についても同様とします」という意味です。

ですから、第百十六条第一項によって、作詞家のご子息にも、著作者人格権を侵害しないように請求する権利（請求権）があるということですね。


それでは、世界の裁判例に足を踏み入れましょう。美術に関する事件は、日本のみならず、世界各国で発生しています。昔、『踊る大捜査線』という映画で「事件は会議室で起きてるんじゃない！　現場で起きてるんだ！」というセリフがありましたが、まさにその通り。「著作権侵害は世界中で起きてるんだ！」というわけで、事件は、法律の本の中だけ、会議室の中だけ、そして日本だけのことではありません。

こう聞くと、聡明な皆さんは、事件が起きている国一つ一つの著作権法が違っていたら、どんなことをしたら著作権侵害になるかも、国によって違うのではないかという疑問を持たれるかもしれません。その通り、著作権法というのは国ごとに少しずつ違うところがあり、「全世界著作権法」などというものはないのです。そうなると、日本の著作者の作品が外国に行ったら全然保護されないこともあるかもしれません。日本に著作権法があることを理由として、海外でも同じように保護してくださいというわけにはいかないのではないでしょうか。

しかしながら、国際化した世界には「条約」という便利なものがあるのです。条約とは、簡単にいえば、いくつかの国同士で取り決めた法律です。日米安保条約であれば、日本とアメリカの二国間条約ですが、多数の国の間で結ばれた条約であれば、多国間条約となります。著作権について多国間で結ばれた条約の一つがベルヌ条約です。

ベルヌ条約、すなわち、「文学的および美術的著作物の保護に関するベルヌ条約」（英語では、Berne Convention for the Protection of Literary and Artistic Works）は、一八八六年にスイスのベルヌ（日本ではベルンと呼ばれるBerneです）で一〇ヵ国によって署名され、一八八七年に発効しました。我が国も一八九九（明治三十二）年に加盟しており、二〇一一年九月時点で世界の一六四ヵ国が加盟しています。ベルヌ条約では、著作者人格権については、以下のように規定されています。

第6条の2

(1) 著作者は、その財産的権利とは別個に、この権利が移転された後においても、著作物の創作者であることを主張する権利及び著作物の変更、切除その他の改変又は著作物に対するその他の侵害で自己の名誉又は声望を害するおそれのあるものに対して異議を申し立てる権利を保有する。

「作品を作った人(著作者)には、複製権や公衆送信権といった人に譲渡できる財産的な権利がありますが、たとえ財産的な権利が人に譲渡されてしまった後でも、それとは別の権利として、自分が作ったと主張する権利とか、作品に改変を加えないように、あるいは名誉や声望を害する行為をやめるように主張する権利があります」という意味です。

日本もベルヌ条約のメンバーですから、第6条の2の「著作物の創作者であることを主張する権利」については、日本の著作権法第十九条の氏名表示権として、「著作物の変更、切除その他の改変又は著作物に対するその他の侵害で自己の名誉又は声望を害するおそれのあるものに対して異議を申し立てる権利」については、第二十条の同一性保持権および

第百十三条第六項のみなし侵害として盛り込んでいるわけです。

●バラバラにしたらいけません（冷蔵庫バラバラ事件）

Buffet v. Fersing 一九六二年五月三〇日判決 パリ控訴院

「おふくろさん」事件は、原著作物に新しい部分を付け加えていましたが、今度は付け加えるのではなくて、原作品を分割してしまったという事件です。

ベルナール・ビュッフェというフランスの芸術家はご存じでしょうか。ビュッフェは、チャリティオークションに冷蔵庫を出品しました。冷蔵庫そのものを作ったわけではなく、冷蔵庫の上部に一枚、左右に各一枚、そして、前面に三枚の合計六枚の絵画のパネルを貼り付けて作られたものです。この作品は落札されて、売上はチャリティのために使われました。その六ヵ月後、別のオークション会社のカタログに、ビュッフェの作品が掲載されました。ところが出品されていたのは冷蔵庫ではなく、六枚のパネルのうち一枚だけだったのです。つまり、最初のオークションで落札した購入者は、冷蔵庫からパネルをはがして六枚を別々に売ろうとしたわけです。

原告のビュッフェは、六枚のうち一ヵ所だけにサインをしたことは、六枚すべてあわせて一作品であることを示し、著作権法上は、同一性保持権の侵害であると主張し[*6]、裁判ではこの主張が認められています。著作者以外の人が、作品をバラバラにしてはいけないのです。

●服を着せたらいけません（セイレーン事件）

Felseneiland mit Sirenen, RGZ 79, 397-402　一九一二年六月八日判決　ライヒ最高裁

絵画の分割の次は、絵画に上塗りしたというドイツの事件です。

ある人が、画家に依頼して、自宅の壁にセイレーンを描いてもらいました。セイレーンは海の精ですから、裸婦像です。この持ち主は、ある日、裸婦像はまずいと考えて、別の画家を雇ってこの女神の絵に上から衣服を描きたしてもらいました。そこで原著作物であるセイレーンを描いた画家は、著作者人格権の侵害であると主張したのです。

ここまで読んでいただければおわかりのことと思いますが、受けてもらえるかどうかは別問題として、最初から、セイレーンを描いた画家に衣服を描きたすように頼めば問題は

ありませんでした。

裁判所は、原著作物の画家の了承なしに行われた、このような改変は著作者人格権の侵害であると認めました。

実は、似たような事件が日本でも起きているのです。

●首を切ってもいけません（駒込大観音事件）

平成二十二年三月二十五日判決　知財高裁　平成21（ネ）第10047号

東京都文京区の光源寺には、「駒込大観音」が祀《まつ》られています。この大観音は江戸時代に作られましたが、戦争中に焼失したために、光源寺のご住職が仏師に依頼して、一九九三（平成五）年に、木彫りの上に漆塗り、金箔《きんぱく》貼りという立派な像が作られました。しかし、仏像の顔が睨みつけるようで怖いという檀家さんたちの意見があり、優しい表情にしてほしいという希望を受けて、一部作り替えることにしました。しかし、最初に作っていただいた仏師（つまりは著作者ですが）はすでに亡くなっておりました。そのため、この仏師のお弟子さんに依頼して、頭部のみ作ってもらってすげ替えました。

それに対して、当初の仏像の著作者である仏師の遺族は、同一性保持権の侵害であるとして東京地方裁判所に訴えを起こしました。東京地裁では、侵害を認め、元の頭部に戻すように命じました。控訴審では、侵害を認めたうえで、頭部すげ替えの経緯の説明を広告または新聞掲載で行うことを命じましたが、最初の頭部も寺で保管されていることから、それを拝観することも可能であるとして、元の頭部に戻すという原告側の要求については退けました。原告側は最高裁に上告しましたが、最高裁はそれを退け、控訴審判決が確定しました。

●色を塗ったらいけません（カルダー作品の塗り替え事件[*7]——アメリカ）

一九五八年

ピッツバーグの空港のお話です。ピッツバーグといえばアメリカのペンシルバニア州にあります。

この事件は、アレクサンダー・カルダーというアメリカの芸術家の作品をカーネギー・インターナショナルが購入し、一九五八年に作品をピッツバーグ空港に寄付したところから始まります。原作品は白と黒の二色で作られていましたが、空港当局が緑と金色に塗り替えてしまったのです。ピッツバーグ市はアルゲイニー（Allegheny）郡にあり、この郡を象徴する色が金色と緑であるからという理由でした。カルダーは作品の同一性への侵害であり、彼のプロとしての評判を傷つけるものであると主張しました。これまでにご紹介したヨーロッパや日本の場合、ベルヌ条約第6条の2に従って、各国法で、著作物に改変を加える行為が同一性保持権の侵害にあたると取り決めています。しかし当時アメリカはベルヌ条約に加盟しておらず、アメリカ連邦法にもペンシルバニア州法にも、カルダーを救済するような、同一性保持権を規定する法制度はなかったのです。結局、作品の設置場所や色を作者の希望に沿うような形に戻すことはできませんでした。

しかし、ご安心ください。一九七七年、空港に降り立った出張帰りのビジネスマンが、カルダーの作品が、色も塗り替えられて、空港の大きな売店のすぐ横に忘れられたかのように置かれていることに気づき、新聞社に投書をします。「このような芸術作品への冒瀆《ぼうとく》が二〇年間も続けてこられたのは信じがたいことだ」[*8]。この投書をきっかけに、この問題は話題を呼び、美術史家による調査が行われました。[*9] そして一九七九年には作品はカーネギー美術館に里帰りして元の姿に戻されます。最終的には、一九九二年に新ピッツバーグ空港が開港した際に、エアサイド・ターミナルに安住の地を得て、現在に至るとのことです。ピッツバーグにおいでの際は、この作品を見て同一性保持権を思い出してみるのも一興かと思います。

●リボンをつけてはいけません（渡り鳥クリスマスデコレーション事件）

Snow v. The Eaton Centre Ltd.（1982）70 C.P.R.（2d）105 オンタリオ高裁

これまで見てきたように、一作品をバラバラにしたり、首をすげ替えてしまったり、絵画に服を描きたすようなことなどは、同一性保持権の侵害になると考えられるわかりやすい例です。とはいえ、原状回復できないような不可逆的なことでなければ、いいのではないか、少し装飾するくらいならいいのでは、と考える人もいるかと思います。

カナダでは、彫刻にリボンを結んだことに関して裁判が起きました。彫刻家であり画家のミッシェル・スノウは、トロントにあるショッピングセンターのために彫刻を作りました。その「Flight Stop」という作品は、渡り鳥（カナダガン）の群れが飛んでいる様が彫刻となっており、ショッピングセンターの天井から吊り下げられました。

一九八一年のクリスマスシーズンに、このショッピングセンターは、渡り鳥の首に赤いリボンをつけました。これに対してスノウは、この行為が同一性保持権を侵害するとして、差し止めを求めて裁判所に訴えを起こしました。「えっ、リボンくらい」と思う方もいるかと思います。彫刻の色を変えたわけでも、羽を多くつけたわけでもなく、取り除くことができるリボンを結んだだけなのです。

しかし、原作品は野生の渡り鳥をイメージしたものです。野鳥がリボンをつけるはずはなく、自分が表現したかったものとは違うという主張は、彫刻家にしてみれば当然といえば当然です。事実、裁判所でスノウは、リボンをつけた鳥があまりにも愚かしく見えると述べています。改変した（リボンをつけた）ことによって、スノウが表現しようとしたのとは別の意味合いを作品に持たせてしまうことになるというわけです。裁判所はスノウの主張を認め、ショッピングセンターにリボンを取りはずすよう命じました。

●片づけてはいけません（ボイス作品お片づけ事件）

一九七七年の「事件」

さて、まったく意図せずに、結果として著作者人格権の侵害に結びついたという事件もあります。

ヨーゼフ・ボイス[*10]という現代アーティストがおりました。彼は、ベビーバスに絆創膏《ばんそうこう》やガーゼの包帯をつけた「作品」を作りました。この作品を所蔵していた人が、ある美術館で催された展覧会のためにこの作品を貸し出したのですが、その晩、この美術館の掃除係が（「あらあら、こんなに散らかして」と言ったかどうかは知りませんが）中身を捨てて片づけてしまったという事件です。しかも、絆創膏をこすり落としたあと、会合のためのビールを冷やす容器として使われてしまったそうです。現代アートならではの考えさせられる話です。ちなみに美術館は、一〇万四一六六米ドルの賠償金を支払うことになったとのことです[*11]。

第四章　追及権の始まりと今

追及権とは何か

一九二〇年、フランスにおいて芸術家のための一つの財産的権利が生まれます。その名はDroit de Suite、日本語では追及権といいます。追及権は、すでに人に売り払ってしまった作品が、転売される時、著作者が取引額の一部を支払ってもらえるという権利であり、印税のように複製されたことによって支払われるものではありません。ですから、作品そのものを販売して作品の所有権が人に移ってしまったミレーのようなケースでも、画家とその家族に収入があるのです。これまで作品を売ってしまったら収入の道がほとんどなかった芸術家たちにとっては、非常にありがたい権利だといえます。

しかし、この追及権は、著作者が持つ他の権利とは違った性質があるために、著作権法にこの権利を取り入れるためには、いろいろと検討しなければならない点が出てきます。これまで、販売が行われても、著作者にはお金を払ってこなかったわけですから、美術品の取引に係わる人たちに説明するためにも、どのような権利であり、どのように分類され、どのような形で権利を形作っていくのかという分析が必要です。

追及権とはどのような性質を持った権利なのでしょうか。
まずはこの権利の名称から見てみますと、droit はフランス語で「権利」のことで、suite というのは「連続」「一続き」を意味し、de suite で「続けて」となります。直訳で「連続的な権利」となりますね。この連続というのは、作品を繰り返し売ることを指しています。英語でも、かつてはフランス語の直訳で、following right とか proceeding right といわれたこともありましたが、実態をよく検討してみると美術作品が再販売された時に著作者に支払われる報酬、あるいは、ロイヤルティということになりますので、現在では多くの国で、artists resale right あるいは、resale royalty right が使用され、また、フランス語の Droit de Suite が言語の違いを超えて使われています。日本では、勝本正晃教授が旧著作権法の時代に、新しい著作権法の試案に追及権を含めており、日本に最初に追及権を紹介されたのは、おそらく勝本教授だと思われます。一九四九年に書かれた『著作権法改正の諸問題』の中では、「美術配当権」や「配当権」という表現が使われています。[*12]
この権利について具体的に説明しましょう。八七ページの図2を見てください。まず、画家が一〇〇〇フランで絵をAさんに販売します。この後、AさんからBさんに二万フランで、BさんからCさんに二万五〇〇〇フランで、CさんからDさんに三万五〇〇〇フランで転売されたとすると、AさんがBさんに二万フランで売った時の三%分、BさんがCさんに二万五〇〇〇フランで売った時の三%分、CさんがDさんに三万五〇〇〇フランで売った時の三%分と、著作権の保護期間の間、販売が行われるたびに、「連続して」販売額の一部を徴収できるという権利なのです（ここでは、フランスの一九二〇年法で定められた三%という数字を使って説明しましたが、国によって徴収率は違います）。

しかし、販売するということは、人の持ち物になってしまう、つまり所有権が移転してしまうということです。そうなったら、作品を処分しようと利益を得ようと持ち主の自由のはずです。

ここで、少し所有権と著作権の関係を整理しておきますと、所有権が移転しても、それと同時に著作権が移転するというものではないのです。それは、所有権が扱っているのは、有体物といわれる形あるものであり、著作権が扱っているのは、無体物である「アイデアを表現したもの」であるからです。手紙を例にとりますと、私がある人にラブレターを書

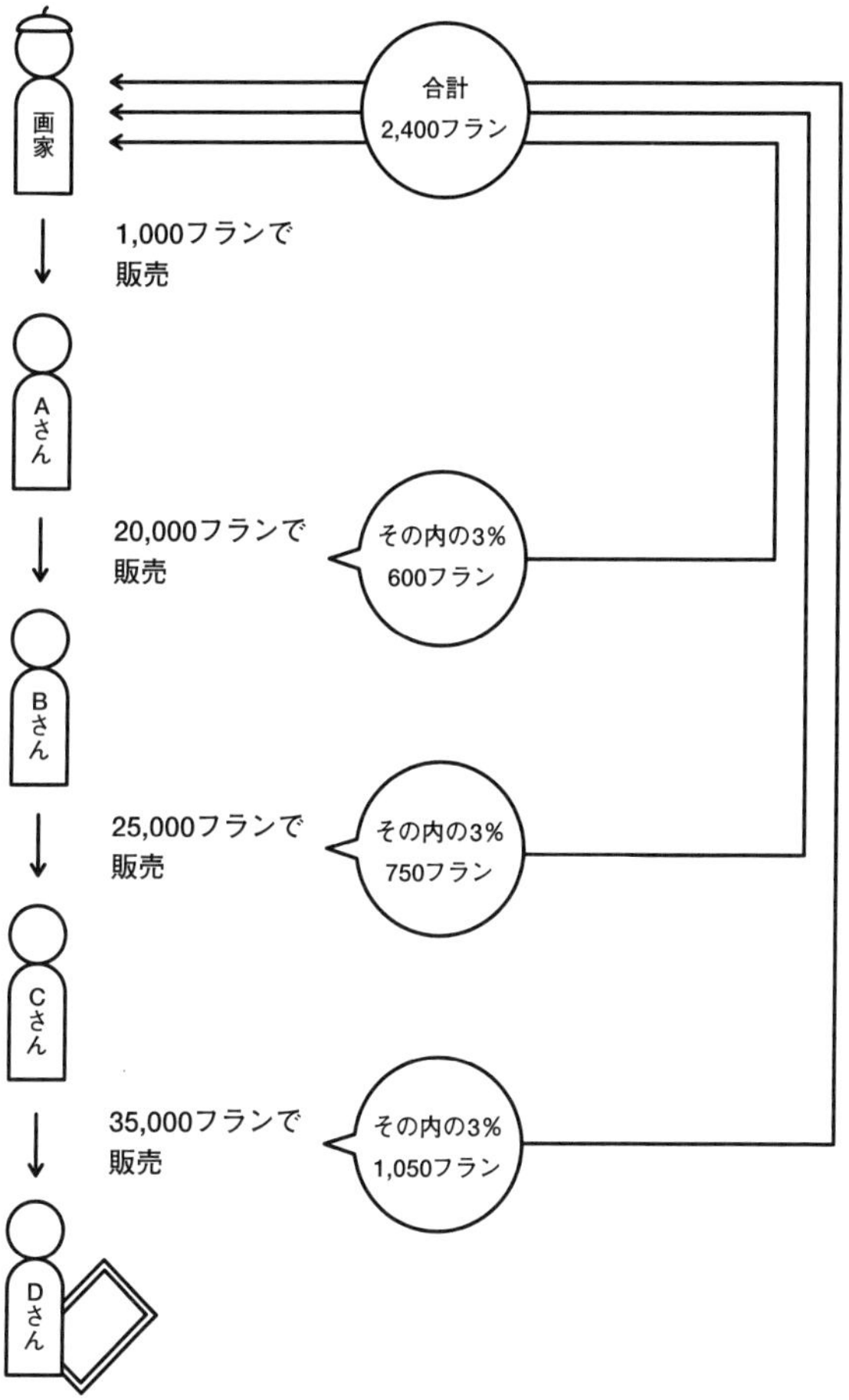
合計
2,400フラン
画家
1,000フランで
販売
Aさん
20,000フランで
販売
その内の3%
600フラン
Bさん
25,000フランで
販売
その内の3%
750フラン
Cさん
35,000フランで
販売
その内の3%
1,050フラン
Dさん

図2

くとします。三五〇円で便箋を、一〇〇円で封筒を購入し、ボールペンのインク三円分を使って愛の告白を書き綴って相手に届けます。受け取った人は、合計額四五三円を使って書かれた手紙の所有者になります。しかし、そのラブレターの文章が、余りにもありふれた表現である場合を除いては、私の許諾を取ることなしに、そのラブレターを複製して本を出版することはできないのです。

著作者は、これまで見てきたように、複製権や公衆送信権などの著作財産権を人に譲渡する（売り渡した場合も、無償で与えた場合も、ともに譲渡になります）ことができるわけですが、手紙を相手に渡したからといって、そのことがただちに「私の著作権を譲渡します」という意味を持つわけではなく、依然として著作権者は私であるということです。同様に、作品が画家の手を離れた後も、複製権などの著作権は譲渡などがなされていない限り著作者のもとにあり、著作者人格権も譲渡できないわけです。

追及権は、その特徴の一つに、他人に譲渡できない、譲渡不能という点があります。追及権は、著作者が、美術作品が転売される際に販売額の一部をもらえるという権利ですから、一つの財産権であるということもできるでしょうが、譲渡不能という性質は著作者人格権が持つ特徴です。つまり、追及権は、財産権的性質を持ちながら、人格権でもあるわけです。

「晩鐘」と追及権（フランス）

最初に追及権という概念が唱えられたのは一八九三年です。弁護士のアルベール・ヴォノワが「クロニック・ド・パリ」紙に寄せた記事に登場しました。その三年後、ベルヌ条約の会議で弁護士のエドアール・マックが追及権についてのスピーチを行っています。

第二章で、ミレーの「晩鐘」の価格が、一八八一年に三〇万フラン、一八九〇年には八〇万フランになったことをお話ししました。「晩鐘」が最終所有者の手に渡ってから三年後に、追及権という権利についてのヴォノワの記事が載ったことになります。

ミレーや彼の家族は、「晩鐘」の値上がりの恩恵に浴すことなく、孫娘は町で花売り娘をしていたという逸話が残っています。この話の真偽のほどはわかりませんが、「おじいちゃんは立派な画家だったけれど、もう死んでしまって作品は作れないし、お金は入ってこないから、私が花を売って稼がなくては」というけなげな少女の姿が目に浮かんできます。

この当時の人々に、芸術家を守る新しい権利の必要性を感じさせたのは、フォランという画家の風刺画でした。貧しい身なりの二人の子供が、オークション会場の入り口にたたずみ、中を覗《のぞ》き込んでいます。会場は、芸術作品を競り落とすために集まった身なりの良い裕福な人々であふれています。この画が描き出しているのは、貧富の差もさることながら、もう少し複雑な事情です。会場内で今まさしく高値で競り落とされようとしているのは、子供たちの父親が描いた作品だったからです。画家である父は、その絵を描いて売った時に代金は受け取りましたが、その後に絵画の取引価格がどれほど上昇しても、最初に受け取ったお金の他には収入はなかったわけです。まさしくミレーの状況を彷彿《ほうふつ》とさせる情景です。

ヴォノワはまた、「追及権は、現所有者から物を奪い取るわけではなく、単に販売された額から一定の割合の額を徴収することを目的としたものであり、物の所有権が移転しても、販売が行われるたびに（物としての）作品に対する権利を主張できる」とも述べています。そう、所有者になんらかの物を差し出せと言っているのではなく、転売のたびに作品の価格が上昇していくのであれば、つまり投資目的で売買が繰り返されるのであれば、販売額の数%を作者に払う制度を作った方がいいということです。

その後、一九〇四年には、文芸家協会（La Société des Gens de Lettres）会長のジョルジュ・ルコントによって、作者の没後五〇年間の著作権保護と、公開オークションでの落札額の一%あるいは二%の追及権導入の法案*13が提案され、美術界や政治家などの支持を集めました。そして、新聞が大きく取り上げたことによって、フォランの絵にあるような被害者ともいえる芸術家やその家族を生み出すことは、フェアではないのではないかという世論が形成されたのです。新聞各紙によるキャンペーンによって、一九〇九年には一〇〇〇人規模の芸術家によるデモが起こります。このデモを鎮めるために、芸術家の著作権の常設委員会（Commission Permanente du Droit d'Auteur aux Artistes）や、芸術著作権協会（Le Droit d'Auteur aux Artistes）*14が設立されました。

その後、アンドレ・エッセによって、作者のサインのある作品（原作品）のオークションでの落札額に対し、定率二%を徴収するという草案が作られました。美術委員会の委員長を務めていたアベル・フェリ議員は、一九一三年に追及権法案に係わる報告書を作成し、次のように述べています。「私たちは投機に対する利益の分配を求めているのではなくて、作品の価値の上昇または下落に左右されない、芸術家の財産に係わる法の拡大を求めているのである。法から派生する文学的所有権（文芸の著作者の権利）と芸術的所有権（美術の著作者の権利）の間には隔たりがある。文筆業、音楽家、戯曲作家はそれぞれ強力な団体に属しており、リサイタルや、演奏や、出版活動を通じて、（時には多額の）収入が与えられている。彼らの収入が広く一般の人々から集められる一方で、画家が生活の糧を得るのは、彼の作品を収集するコレクターからのみである」[*15]。さらに、たとえ作品が譲渡されても作者と作品との間には強い関連性が存在するということから、「芸術作品の所有を、傘や帽子を所有していることと混同してはいけない。（中略）販売されて作者の手を離れたとしても、作品は作者の影響のもとにある」と主張したのでした。[*16][*17]

こうしてこの法案は、一九一四年、提出されます。フェリ自身は第一次世界大戦中に戦死してしまいましたが、彼の遺志はレオン・ベラールによって引き継がれ、一九二〇年五月二〇日、世界初の追及権法は大統領により公布されるに至るのです。

フランスの追及権の始まりは、ミレーやゴッホというような印象派前後の芸術家たちの窮状が背景にあったということができます。そして、この権利は、一九二一年にはベルギー、一九四〇年にはイタリアと、周辺諸国へも広まっていきます。

第一次世界大戦以後、印象派の芸術家たちの作品の価格が高騰した背景には、アメリカが大きく係わっていました。当時のアメリカは好景気に湧き、芸術品を買うことがブームとなっていたからです。多くの映画スターや著名人がこぞってオークションで絵画や彫刻を高値で競り落とし、それによって作品の取引価格が上昇していったのです。

このように芸術作品の取引の機会が大幅に増えたアメリカでは、追及権はどのように受け取られたのでしょうか。

アメリカに追及権はあるのか（アメリカ）

●ラウシェンバーグの主張から生まれたカリフォルニア州法

アメリカの法学者であるプライスは、「追及権というものは、法的形式に書き換えた『ラ・ボエーム』であり『炎の人ゴッホ』である」と言っています*[18]（ただし、この論文の主旨はヨーロッパで生まれた追及権を批判的にとらえたものです）。芸術家が評価されるまでには時間がかかり、それは、端的にいえば、ロドルフォとマルチェッロが直面していた現実であるといえます。ちなみに『炎の人ゴッホ』は、アーヴィング・ストーンの小説『Lust for Life』を映画化したものです。現実に生前のゴッホは評価されることはほとんどなく、生涯のうち唯一売れた作品というのが、一八九〇年のレ・ヴァン（Les Vingt）展に出品された「赤い葡萄畑」のみだったといわれています（この作品は現在ロシアのプーシキン美術館に所蔵されています。そして、同じ年にゴッホは自らの手で命を絶ちました）。芸術家が置かれているこのような状況を救済するために作られたものが「追及権」であるということです。

一九五八年、ポップ・アートのコレクターとして有名だったスカル夫妻は、レオ・カステリという著名な画商を通して、当時まだ無名だったラウシェンバーグ[*19]の作品「Thaw」を九〇〇ドルで買いました。一五年後の一九七三年、夫妻はニューヨークで開いたオークションにこの絵を出品し、落札額の八万五〇〇〇ドルを手にしました。一五年間でこの作品の価格は一〇〇倍近くも上がったわけです。カステリは芸術家をフェアに扱うことで知られた人物ですので、本当は数千ドルの価値があった作品を九〇〇ドルで叩き売ったなどとは考えられません。つまり、ここには純然たる作品価格の上昇があったのです。

しかし、これを知ったラウシェンバーグは、「私がこれまで骨身をけずって働いてきたのは、すべて君たちにあのような大きな儲《もう》けを作ってやるためだったわけか」と憤慨したというのです。この様子は、E・J・ボーンらが撮ったドキュメンタリー映画「America's Pop Collector: Robert C. Scull—Contemporary Art at Auction」に収められています。[*20]

この映画は、その後のラウシェンバーグの追及権創設活動を支援するために、定期的に上映されました。

ラウシェンバーグの怒りから始まったこの運動は、果たして実を結んだのでしょうか。そして、アメリカには追及権制度が誕生したのでしょうか。答えは「イエス」であり、「ノー」でもあります。というのも、この運動によって、カリフォルニア州法に追及権が導入されましたが、アメリカ連邦法には、二〇一一年現在、導入されていないからです。

アメリカの連邦法と州法はどのような関係があるのでしょう。ここで少しだけ、アメリカの法制度というものがどんな構造になっているか（ほんのさわりですが）、説明しておきましょう。

日本には、まず、日本国憲法があって、さらに、刑法とか民法とか商法などの様々な法律が日本全土で適用されています。ある地域だけに適用される規則や条例はありますが、各県独自の著作権法などというものはありません。

しかし、アメリカの場合、アメリカ全体に適用されるアメリカ連邦法と、各州が定める州法が両方あるのです。両方が共存していて、そして、州法の規定が連邦法と重なっていない限り、州ごとに違う取り決めが行われることもありえるわけです。[*21]よく、州によって死刑制度が廃止となっているところと、まだ死刑制度が残っているところがあるという話を聞きますよね。もちろん日本では、神奈川県と広島県で死刑制度が違うなどということはないわけです。

著作権法についていえば、連邦法にも著作権法があり、連邦法と重複していない限り、州法の著作権についての規定が適用されるという、(日本人から見たら)複雑な事情があります。このあたりがアメリカと日本との大きな違いの一つです。

まずは、カリフォルニア州法の追及権について見ていきましょう。ラウシェンバーグ作品が八万五〇〇〇ドルで落札されたわずか三年後に、カリフォルニア州法に追及権が導入されました。一九七六年、当時カリフォルニア州の下院議員だったアラン・シエロティが出した法案が成立し、その後一九八二年に一部改正されました。対象となるのは、絵画とか彫刻、素描、ガラスのアート作品などの原作品で、著作者の没後二〇年間保護されます。

しかし、カリフォルニア州は鎖国をしているわけではありません。アメリカ五〇州のうち、一州だけが特別な販売にも著作権にも係わる法律を持つ場合、いろいろな問題が発生してくるのではないでしょうか。さしあたって、次のような問題が発生してくると思われます。

①どのような著作者が守られるのかといえば、おそらく、カリフォルニア州の住民でしょう。そうすると、ニューヨーク州で作品が販売されたカリフォルニア州のアーティストには、追及権の恩恵は与えられるのでしょうか。

②どのような取引の場合、追及権料を支払わなければならないのでしょうか。州法ですから、当然、カリフォルニア州内で行われた取引となるとすれば、カリフォルニア州で販売された他の州の住民の作品には、追及権料は支払われるのでしょうか。

③追及権料を支払おうとしているのに、作者の居所がわからない場合はどうしたらいい

のでしょうか。

答えはすべて、カリフォルニア州法第986条[22]に書かれています。

①：保護対象とされる「著作者」は、美術作品の制作者であり、再販が行われる時にアメリカ市民であるか、あるいは二年以上州内に居住している者です。

②：対象となる取引は、①の著作者の作品の「オークションによる販売あるいはディーラーを介した取引」なのですが、そのうちの「販売者（あるいはその代理人）がカリフォルニアの居住者」であるか、「取引が州内で行われた場合」のみが対象とされます。一〇〇〇ドルを超える取引について一率五％が課されます。ただし、購入の際に支払った金額を、販売総額が下回った場合は、適用されないことになっています。

③：著作者の居所不明によって、九〇日以内に支払いを行うことができなかった場合、販売者は、カリフォルニア・アーツ・カウンシル（California Arts Council CAC）に、追及権料相当額（販売額の五％）を支払います。CACは、その金額を、一時的に州の歳入として預かったうえで、著作者の居所を調査します。追及権が導入された一九七六年当時のカリフォルニアではこのようなケースはあまりありませんでしたが、現在では消息不

明の著作者も多く存在しています。一九七三年から二〇〇六年までにCACが預かったのは約一六〇人分、総額では一〇万ドルを超えています。そして、販売後七年経っても居所が特定できない場合には、このお金はCACの予算に組み込まれ、州のアートビル基金に納められます。

カリフォルニア州法が制定された当時、他州でも追及権に関する州法制定の動きはありました。ニューヨーク州で検討されていた法案は、保護対象にグラフィックアートを加えること、再販時の増加価値に対して一〇%の徴収が行われるというものでした。それ以外にもオハイオ州、イリノイ州で導入が検討されていましたが、現在までに追及権を取り入れた州はカリフォルニア以外にはありません[*23]（ただし、ジョージア州では一九九一年に、建物の一部である場合を除く、公的に購入されたアート作品の再販のロイヤルティの支払いについて州政府が同意しており、制限的な追及権ではないかとされており、また、プエルトリコでは一九九八年に著作者人格権法が成立し、そこには追及権料として五%を徴収することが認められているとされています[*24]）。

他の州では成立することはなく、カリフォルニアだけが追及権を取り入れているということは、制度としての抜け道が多くあることを意味します。本来ならば、支払い義務が発生しているはずでも、実は作者には自分の作品が販売されたかどうかを知るすべがないため、支払いが行われない、あるいは作者が支払い請求をしていない場合が少なくありません。カリフォルニア州内での取引では州法に従ったとしても、他の州での取引では支払いを免れられます。そうなると、実質有名無実の法制度という結論に達してしまうのです。

そして、最大の問題点は、いったいどのくらいの支払われるべき追及権が発生しているかを誰も把握していないという点です。

それでも、現実に、法を順守しているアートディーラーやオークションハウスから、CACに対して、著作者の居所を捜索してほしいという依頼が舞い込んでいるということです。

●視覚芸術著作者のための著作者人格権

では、アメリカ全体に及ぶ連邦法はどうなっているのでしょうか。ラウシェンバーグらの活動は反響を呼びましたが、残念ながら、アメリカの連邦法に追及権を導入させるには至りませんでした。しかし、一九六〇年代から追及権に関する議論が続けられていることは確かです。さらに、アメリカの弁護士が作った追及権条項を盛り込んだ契約書式まであります。そのような点を考慮すれば、日本に比べれば、追及権に関する研究は、遥かに進んでいるということができるかもしれません。

特に、一九八〇年代後半には再度追及権についての議論が盛り上がりを見せました。これにはベルヌ条約への加盟問題が関係していました。

日本以外の国でも日本人の著作者の著作物が保護されるためには、その国が条約の加盟国であることが必要です。しかしアメリカは、一九八九年までベルヌ条約の同盟国ではなかったのです。この点について説明するためには、それまでのアメリカの著作権法の特徴をお話ししなければなりません。

アメリカのベルヌ条約加盟以前の著作権法の特徴の一つに、著作権の発生の時期がありました。著作権がいつ発生するかということなのですが、日本人であれば、多くの場合「もちろん作品を作った時でしょう」と答えるでしょう。ところがアメリカでは、著作権という権利を得るためには、発明に係わる特許のように著作権登録というものが必要であり、登録して初めて権利が発生するとされていました。これを「方式主義」といいます。
ベルヌ条約は、著作権は、創作と同時に発生し、なんらの手続も必要ではないという「無方式主義」をとっています。ベルヌ条約の同盟国である日本の著作権法にも、無方式主義をとることと、開始時期が創作時であることが明記されています。

著作権法（日本）
第十七条　2　著作者人格権及び著作権の享有には、いかなる方式の履行をも要しない。
第五十一条　著作権の存続期間は、著作物の創作の時に始まる。

この問題に関して、アメリカは一九八八年にベルヌ条約加入のための法整備を行い、方式主義を取りやめました。
もう一つ、さらにアメリカの著作権法で特徴的だったのは、著作者人格権が連邦法にはなかったという点です。学者の中には、著作権法以外の法律の運用によって、明文化された著作権法の条文という形ではなかったけれど、アメリカも、実質的には以前から著作者の人格的権利を保護していたのだと主張する人もいます。しかし、いわゆる著作者人格権(Moral right)と呼ばれる条文がなかったのは事実です。

ベルヌ条約には著作者人格権の規定があるので、条約に加盟するためにはこの条件に合致した連邦法が必要です。そこでアメリカは、新たに著作者人格権の規定を設けました。それがアメリカ著作権法第106A条、通常VARA(Visual Artists Right Act)と呼ばれる条項です。ただし、対象は「視覚芸術(visual art)」のみであり、音楽・文芸は含まれていません。

第106A条　一定の著作者の氏名表示および同一性保持の権利[*25]

(a)氏名表示および同一性保持の権利―第107条を条件として、視覚芸術著作物の著作者は、第106条に規定する排他的権利と独立して―

(1)以下の権利を有する。

(A)当該著作物の著作者であることを主張する権利、および
(B)自分が創作していない視覚芸術著作物の著作者として自分の名前が使用されることを禁止する権利。
(2)自分の名誉または声望を害するおそれのある著作物の歪曲、切除その他の改変の場合、視覚芸術著作物の著作者として自分の名前が使用されることを禁止する権利を有する。
(3)第113条(d)に定める制限を条件として、以下の権利を有する。
(A)自分の名誉または声望を害するおそれのある著作物の故意の歪曲、切除その他の改変を禁止する権利。当該著作物の故意の歪曲、切除その他の改変は、かかる権利の侵害となる。
(B)名声が認められる著作物の破壊を禁止する権利。故意または重大な過失による当該著作物の破壊は、かかる権利の侵害となる。

「視覚芸術の著作物を作った人には、自分が著作者であると主張する権利、自分が作って

いない作品について、作ったとされることを禁じる権利があります（a）の⑴。また、名誉や声望を害するような行為が作品に対して行われた場合に、その作品の作者として自分の名前を使うことを禁じる権利があります（a）の⑵。さらに、名誉や声望を害するような作品の改変や、高い評価を受けていると認められる著作物の破壊も禁じられています（a）の⑶」という意味です。

アメリカにおける追及権の歴史のうえで、ＶＡＲＡ導入のための法案はたいへん重要な意味を持っています。それはＶＡＲＡの法案の中に当初は追及権も含まれていたからです。そして、追及権の部分をどのようにするかという点について、アメリカ最大の美術品市場であるニューヨークとカリフォルニア州で公聴会が開かれ、賛否両論の激しい議論が行われました。しかし、残念ながら、最終案では、追及権をこの法案に盛り込むことには、いまだ検討の余地が残るということで削除され、現在の著作者人格権部分だけが残りました。

導入は見送られたものの、議会は追及権についての調査を行うように著作権局に命じました。しかし、一九九二年に出された報告書でも、追及権は芸術家保護の最善の策ではないとされてしまいました。一部の学者は、報告書自体が「追及権は不要である」という結論ありきで書かれたのではないかと述べています。そして、購入者、販売者、あるいはアートを利用している企業の人間による追及権への反対意見が大きく取り入れられ、導入を求める個々のアーティストやアーティスト団体、それらを支援する法律家団体の意見は少数派のものとみなされたため、否定的な見解の報告となったとされています。

しかしながら、報告書は、もし仮に、欧州共同体（ＥＣ・現在の欧州連合〈ＥＵ〉）が、追及権についてハーモナイゼーション（ＥＣ全体で制度の調和を図ること）を選択するのであれば、「別の結論が導かれる可能性はある」という文章で結ばれています。[*26]

最初に追及権を導入したフランスでは、追及権が「著作財産権」であると明記されているのですが、これは、世界でも例外的であり、多くの国では、財産権あるいは人格権の峻別《しゅんべつ》をしておらず、特別法として施行している国もあります。著作者人格権の歴史を持たないアメリカが、追及権の導入を議論する際に、当初から著作財産権としてではなく、著作者人格権の法案の中に盛り込むことを検討していたことは非常に興味深いことです。

「EC市民の平等」と追及権（ヨーロッパ）

実際、VARAの条項の成立後に追及権の報告書を書いた担当者は、今では少し後悔しているかもしれません。というのは、ECが追及権に関してハーモナイゼーションを選択するようなことがあれば「別の結論が導かれる可能性はある」と言ってしまった九年後の二〇〇一年に、すべての構成国で追及権を二〇〇六年までに導入するという欧州指令(EU Directive)が採択されたからです。この動きのきっかけとなった二つの事件をご紹介しましょう。

●フィル・コリンズ事件

Phil Collins v. Imtrat Handelsgesellschaft mbH C-92/92

フィル・コリンズは、イギリス国籍を持つミュージシャンです。

第二章では、著作者の財産的権利の話をしましたが、今回は、歌手つまりは実演家の権利に係わる事件でした。著作隣接権という権利を聞いたことがあるでしょうか。フィル・

コリンズ事件の説明のために、少しだけ隣接権に触れますと、この権利を持つのは、著作者ではなくて、歌ったり踊ったりする人（実演家）、放送したり（放送事業者）、録音したり（レコード製作者）する人などです。身近な例でいうと、実演家としての「嵐」とか「SMAP」、放送事業者としての「日本テレビ」や「TBS」、レコード製作者としての「エイベックス・エンターテインメント」や「ユニバーサル ミュージック」などです。

たとえば、作詞家と作曲家（著作者）から楽曲（著作物）を提供されて、その実演を行った歌手は、自分の実演に関する権利を持っています。これが著作隣接権と呼ばれるものの一つです。実演された時、著作者の権利と同時に、著作隣接権も発生するということです（日本の著作権法には、実演家人格権として、氏名表示権と同一性保持権があります。実演家の財産権としては、録音権や録画権、放送権や有線放送権、送信可能化権などがあります）。

話をフィル・コリンズに戻します。事件の発端は一九八三年にアメリカのカリフォルニアで行われたコリンズのコンサートです。このコンサート内容を実演家に無断で録音した「Live and Alive」というCDが、ドイツで発売されてしまいました。コリンズは、実演家の権利を侵害されたとして、ミュンヘン地方裁判所に差し止めを求めて訴えを起こしました。もちろん、著作者や実演家の許諾を取ることなしにCDを発売することは著作者あるいは実演家の権利の侵害行為です。ところが、当時、ドイツの著作権法（一九六五年法）には、「ドイツ国籍を有する演奏家」が実演の違法な録音の禁止権を有することについては規定がありましたが、[*27]「外国籍の実演家がドイツ国外で行った演奏」[*28]については明記されていませんでした。

しかし、そんな時も条約があったら大丈夫だという話をベルヌ条約のところでしました。実演家とレコード製作者および放送機関に関する条約には、「実演家、レコード製作者及び放送機関の保護に関する国際条約」があり、通常は締結地の名称を取って「ローマ条約」と呼ばれています。文学や美術におけるベルヌ条約と同じように、この条約に加盟した国には実演家などの権利を保護する義務があります。ところが、アメリカがこの条約に加盟していなかったため、フィル・コリンズの著作隣接権は、コンサートが録音されたアメリカでも認められないことになってしまいます。

この事件、フィル・コリンズがイギリス人だったために、別の問題が浮上してきました。

イギリスは、一九七三年以来、ＥＣ（加盟当時はその前身である欧州経済共同体〈ＥＥＣ〉）加盟国です。ＥＣ条約では、国籍による差別禁止原則が規定されています。[*29] そうなると、同じEC市民なのに、イギリス人実演家はドイツ人実演家と同じ権利がないというのは差別ではないかということが問題になったのです。フィル・コリンズが訴えを起こしたのはドイツのミュンヘン地方裁判所でしたが、差別禁止原則とドイツ著作権法の関係について、欧州裁判所に送って審理されることになりました。[*30]

一九九三年、欧州司法裁判所が出した判決では、著作者に与えられる著作権や著作隣接権の保護範囲が国籍によって異なってしまうことは、差別禁止原則に反するという考え方が示されました。

●ヨーゼフ・ボイス事件[*31]

追及権に関する欧州指令採択のきっかけとなったもう一つの事件は、追及権そのものに係わるものでした。

一九八八年、第三章でも登場したドイツの現代美術家ヨーゼフ・ボイスの作品が、ヨーロッパ最大の美術品取引市場があるイギリスのロンドンで、オークションにかけられることになりました。ボイスは二年前に他界していましたが、著作権の保護期間内でした。

ドイツは一九六五年に追及権を導入していましたが、市場のあるイギリスには、当時、追及権はありませんでした。著作者の国籍はドイツですが、取引が行われる国の法制度が適用されることになります。著作者がドイツ人だったとしても、追及権を取り入れていない国で作品が取引されたら保護対象になりません。この取引においては、著作者だけでなく、落札者もドイツ人でした。オークション開催地はイギリスですが、落札後の契約はドイツで行われ、作品の保管場所もドイツの倉庫であり、配達もオークション会社のドイツ支店から行われました。

そこで、ボイスの遺族は、ドイツ人の間の取引である場合にはドイツの追及権を適用すべきと主張して、訴訟を起こしました。ドイツ連邦最高裁判所は、追及権制度がないイギリスでの取引にドイツの追及権法を適用することはできないとして、販売者に支払い義務は生じないという判決[*32]を出しました。この取引がドイツで行われてさえいれば、ボイスの遺族は取引額の一部を間違いなく手に入れられたのです。

では、ドイツ以外の国籍を持つ作家の作品がドイツで販売されたら、どうなるのでしょうか。ベルヌ条約は、一九四八年に追及権に関する条文を追加しています。

ベルヌ条約

第14条の3

(1) 美術の著作物の原作品並びに作家及び作曲家の原稿については、その著作者（その死後においては、国内法令が資格を与える人又は団体）は、著作者が最初にその原作品及び原稿を譲渡した後に行われるその原作品及び原稿の売買の利益にあずかる譲渡不能の権利を享有する。

「美術作品と作家と作曲家の原稿は、作った人がそれらの作品や原稿を他人に譲り渡し、その譲渡された人たちがさらに別の人に売り渡す場合、その作品あるいは原稿が売られるたびに、販売額の一部を受け取る権利があります。著作者はこの権利を他人に譲渡することはできません」という意味です。

ですから、ベルヌ条約の同盟国の国籍を持つ作者であれば、当然追及権の保護を受けられるはずです。条約において、他国の人間も自国の人間と同じように守るという原則をとることを「内国民待遇」といいます。ベルヌ条約では基本的にこの立場がとられています。

しかし、この第14条の3には第二項、第三項とまだ続きがあるのです。

(2) (1)に定める保護は、著作者が国民である国の法令がこの保護を認める場合に限り、かつ、この保護が要求される国の法令が認める範囲内でのみ、各同盟国において要求することができる。

(3) 徴収の方法及び額は、各同盟国の法令の定めるところによる。

「そうはいっても、追及権の保護は、作った人の国籍がある国の法律が追及権について定めている場合、相手の国の法律で与えられる保護の範囲内で要求ができるものとし、具体的にどのような形でどのような額の追及権料を徴収するかという点は、各国の法律次第です」という意味です。

そうなると、追及権を導入していない国の作者は、支払い請求をできないことになります。ベルヌ条約は、この追及権、著作権の保護機関、応用美術の保護の三点については、例外的に、「自国が定める保護よりも、相手国の保護水準が低い場合は、相手国の著作物についてはその国で定めている範囲内でのみ保護すればよい」という「相互主義」を採用しています。

ということは、追及権を認めている国で販売が行われて、著作者がフランス人だった時、フランスは追及権を導入していますから、その著作者は追及権を支払ってもらうことができます。しかし、日本やアメリカのような追及権のない国の国籍を持つ作家の作品がその国で販売されたとしたら、「相互主義」によって、追及権料は支払われないということになるのです。

ドイツ連邦裁判所は、ボイスの追及権に関する裁判が、国内問題だけでなく、ＥＣ全体の問題を含むとして、欧州司法裁判所に送って審理してもらうことにしました。追及権を持つドイツ人作家が、今回のようにドイツであれば受け取れたはずの追及権料が、当時追及権を導入していなかったイギリスでの取引だったために受け取れないというのは、ＥＣ

市民の平等を定めた原則に反するのではないかという主張からでした。また、ＥＣ市民の国籍による差別禁止の原則に従えば、同じＥＣ加盟国であるイギリスの作家にも、追及権が認められるべきだということになります[*33]。

同じＥＣ加盟国の中で、追及権を導入している国とそうでない国があるという問題を明白にしたこのような事件が、後の追及権に関する欧州指令へとつながっていったのです。

●ＥＵ（欧州連合）

一九九六年四月、追及権に関してＥＵ各国の法制度をハーモナイズするための最初の提案が、欧州議会に提出されました。全加盟国においてある一定のレベルで統一された追及権制度が導入されなければ、域内の美術市場にも悪影響が及ぶとして、追及権をどのレベルで統一すべきかという議論がスタートしたのです。各国の希望する保護の形を調整する作業が重ねられ、五年後の二〇〇一年九月に、ようやく欧州指令2001/84/ECが採択されたのです（指令の内容については、第五章で詳しく説明します）。

二〇〇一年当時、ＥＵに加盟していたのは一五ヵ国で、そのうちの一一カ国は自国の法制度になんらかの形で追及権を導入していましたが、残る四ヵ国（イギリス、アイルランド、オランダ、オーストリア）には追及権が導入されていませんでした。新しい法制度を作るために、四ヵ国の国内市場への影響も考慮しながら、二〇〇六年一月一日から、当面は生存中の著作者を保護することになりました。そして、二〇一〇年あるいは二〇一二年を次の期限として、EU加盟国の（生存中並びに没後の）全著作者の保護へと保護を拡大することが求められています。期限があいまいにされているのは、各国の市場や経済への影響に配慮して導入を二段階としたものの、延長依頼が寄せられる可能性があったからです。実際に、二〇一〇年を期限とする全著作者の保護については、イギリスから欧州議会に延長依頼が提出され、二〇一二年以降に延期されたということです。

一方、すでに追及権を取り入れていた国はどうだったのでしょうか。一口に追及権といっても、各国で違いがあるので、欧州指令に沿った形でこの違いを埋める必要がありました。たとえば、フランスでは販売のたびに三％の追及権料の支払いが求められていましたが、欧州指令では販売額によって徴収率を変えていく方式がとられていました。そうなると、自国の法律でも追及権の徴収率を修正しなければなりません。また、イタリアの場合、作品を購入した時に支払った額と販売した時に受け取った額を比べて、支払い額の方が多ければ追及権料は免除されるという規定でした。しかし、欧州指令によれば、販売を行うたびに支払い義務が発生します。その点について、イタリアは法律を書き換える必要性が出てきたわけです。つまりは、すでに追及権を導入していた一一ヵ国も、欧州指令に従って各国法を改正することが求められたのです。

そして、ＥＵ加盟国は二〇一一年現在二七ヵ国となり、加盟国数の増加とともに、追及権を導入する国も増加しています。

先住民族と追及権（ニュージーランド・オーストラリア）

追及権の導入はフランスから周辺のヨーロッパ諸国に広がった後、かつてその植民地だったりして関係が深い、アフリカや南アメリカといった地域にも導入が図られるようになりました。環太平洋諸国はどうかというと、アジアではフィリピンとインドが追及権を取り入れており、オセアニア地域でもここ数年で活発な動きが見られました。

ここでは、オーストラリアとニュージーランドの状況について見ていきましょう。

両国とも、イギリス連邦（The Commonwealth of Nations）の構成国であり、イギリスが欧州指令に基づいて追及権導入を図っていた影響が及んだためか、追及権に関する検討が始まりました。両国の場合に非常に興味深いのは、追及権制度の導入の可否が常に政権の動向と結びついている点です。

ニュージーランドでは、二〇〇七年に政府がディスカッション・ペーパーというものを配布しました。追及権とはどんな権利なのか、どのように運営されることが予想されるのか、誰に支払い義務があって誰が恩恵を受けるのか、導入によって社会がどのような影響を受けるのかなどについて説明したうえで、国としての対応についての意見を国民に求めたのです。

このディスカッション・ペーパーが回収された当時の政権政党は労働党でした。ニュージーランド文化遺産省では人々から集められた意見をまとめ、労働党はそれをもとに法案を作成しました。二〇〇八年五月にこの法案が議会に提出され、委員会で検討されていたのですが、秋に総選挙が予定されていたために、一時的に作業が中断されました。ところが、一一月八日の総選挙で、追及権導入反対を公約としていた野党の国民党が勝利して政権の座についたため、この法案はお蔵入りになってしまったのです。

余談ですが、私はこの二〇〇七年にニュージーランド文化遺産省を訪ねました。事前に追及権担当の方たちにメールをお送りして、ぜひ話を伺いたいとお願いしておいたところ、遠い日本からやってきた（しかも追及権を持たない日本からです！）、海のものとも山のものともわからない研究者の卵を温かく迎え入れてくれました。お茶とビスケットをいただきながら、追及権に関する情報を交換する機会に恵まれたのは、研究者としても一人の日本人としてもたいへんうれしいことでした。担当者のお話では、非常に多く寄せられた導入賛成の意見の取りまとめ作業に追われていると同時に、一年後の総選挙前に法案を通せるかどうかのぎりぎりのタイミングであるということでした。残念なことに、ニュージーランドではいまだ追及権は導入されていないのですが。

次は、オーストラリアの動きについてお話ししましょう。

オーストラリアの美術品市場は、イギリスやアメリカには及ばないまでも、オセアニア諸国では最大の規模を誇っています。特に、オーストラリアの先住民族とされるアボリジニによって作られる特徴的な作品群、いわゆるアボリジナル・アート*34が活発に取引されています。オーストラリアにおける美術の著作物の保護については、アボリジニをぬきにしては考えることができないといっても過言ではありません。実は、アボリジナル・アートの人気の裏には、先住民族ならではの問題がひそんでいるのです。

ちなみに、ニュージーランドで文化遺産省を訪問した際、ニュージーランドの先住民族のことについても質問をしました。すると、オーストラリアのアボリジニ問題とは違って、先住民族のマオリ族については、むしろ、国の誇りであり尊敬の対象としてとらえられていることも多いという答えが返ってきました。文化遺産省の公式見解ではないものの、実際、国会議事堂の内部が立派なマオリ族の彫刻作品で飾られていたり、文化遺産省の会議室や入り口のドアにマオリ彫刻の装飾がほどこされていたりするのを目にしましたし、ラグビーのナショナルチームであるオールブラックスの試合前の踊りもマオリ族に由来するものです。

さて、オーストラリアの抱える問題は、著作権法という現代社会の生んだ法制度が、アボリジニの伝統に合致していないということです。これは、オーストラリアの著作権法が他の国と大きく違うわけではなく、先住民族との間の文化や社会の構造の差に起因することなのです。たとえば、元来アボリジニは、作ったものに個人名を書くことをしません。[*35]
また、アボリジニの社会において、木の皮やその他のものに描くことは、宗教行事であり、祈りや儀式といった生活の営みの一部です。一人の作家が自分の作品を販売してお金を受け取るのは、私たちにとってまったく普通のことですが、アボリジニの場合は違います。アボリジニ作家が作品を売って受け取った対価は多くの場合、同じ種族の複数の家族と分け合うため、報酬を自分のものにしたことで、作家と種族の人たちとの裁判さえ起きているのです。[*36]また、アボリジニにおいては伝統的な文化や宗教的知識はその種族に属するものと考えられているため、ある種族から宗教的な秘事を教えられた学者が、その内容を自分の著作に掲載してしまったことで、出版の差し止めを求める訴えを起こされたこともあります。[*37]

アボリジニの文化や社会が著作権法の規定となじまないという状況の中、アボリジナル・アーティストは、人気作品を作ることで、十分な収入を得ているのでしょうか。

ジョニー・ワラングラ・ジャピュルーラというアボリジニ画家の例を紹介しましょう。ジャピュルーラは点描法を用いるパイオニアともいわれ、後年アボリジナル・アートの作家としてたいへん有名になりました。彼の名もアボリジナル・アートもほとんど知られていなかった一九七二年、彼は「Water Dreaming at Kalipinypa」というタイトルの絵を含む二〇点の作品を、メルボルンの画家に売りました。代金は一五〇豪ドルであったといわれます。一豪ドル八〇円として一万二〇〇〇円、平均すると一枚が六〇〇円という計算です。この画家が亡くなり、一九九七年に遺族が二〇点の作品をサザビーズのオークションに出品したところ、総額で九〇万豪ドル、「Water Dreaming at Kalipinypa」一枚では二〇万六〇〇〇豪ドル（日本円にして約一六五〇万円）もの高値で落札されたのです。二〇点の総額で見ると、二五年で六〇〇〇倍も価格がはね上がったことになります。その後、二〇〇〇年にそのうちの一〇点が再びオークションにかけられた時には、その中の「Water Dreaming at Kalipinypa」一枚で四八万六五〇〇豪ドル（日本円にして約三九〇〇万円）の値がつけられました。*38 一九七二年当時の一枚の平均価格の六万五〇〇〇倍近くにもなります。

それで、ジャピュルーラ自身が裕福な暮らしができたのかといえば、そうではないと答えざるをえません。彼が最初の一五〇豪ドルしか手にできなかったのか否かについては諸説あるのですが、いずれにしても、晩年のジャピュルーラは、アボリジニのための老人施設に収容され、そのまま二〇〇一年に亡くなっているからです（ほとんど盲目に近く、片方の手には二本の指しか残っていない状態であったといわれています）。

ジャピュルーラの例が示しているのは、これまで見てきたミレーやゴッホが置かれていたのと同様の状況が、この現代にも残っているということです。アボリジニの側にすれば、買ってくれる人の言い値で売り払ったものが、後に何千倍、何万倍もの値で取引されるようになるとは夢にも思っていなかったでしょう。なぜなら、初期のアボリジナル・アートは「絵画作品」として認められていなかったからです。たとえ、それが作り手のあずかり知らぬところで値を吊《つ》り上げられていき、作り手本人が亡くなってさらに高値を呼んだところで、本人や家族の暮らしにはほとんど利益をもたらすことはないのです。

アボリジニの社会における芸術作品の意味合いは、金銭で売買し、鑑賞や投資目的とすることとは別のところにあります。しかし、現代社会で生き残っていくためには、アボリジニもまた、なんらかの形で金銭的収入を得ていかなければならないところに問題の根本があります。言い換えれば、後から押し寄せてきた「現代社会」が作った新しいルールに従わないと、先住民族は、自身の権利を行使することすらできないことになってしまうのです。元来祈りや儀式の一部として存在したアボリジナル・アートを「現代社会」の価値観で判断し、（投資物件として価格が上がることを知っていながら）安く買い取り、作者が作品にサインをしないという慣習につけいるという、経済優先の社会の中でアボリジナル・アーティストは生きていかなければなりません。

さらに、アボリジニの識字率の低さも問題をさらに深刻にしています。シドニーにあるArts Law Centre of Australia（Arts Law）は、アボリジニを含むオーストラリアの芸術家たちの支援を行う団体です。ここでは、アボリジニなどの先住民族の作家に関する調査を行ったり、著作権などについて説明するセミナーやワークショップを各地で催したりしています。先住民族に直接会ったという団体代表者の話では、多くの地域で識字率は四〇％に満たない状況だということでした。

この他、アルコール依存という問題も存在しています。

さて、このアボリジニ問題、オーストラリアはどのように解決策を見出したのでしょうか。アボリジニの作家の権利保護についての調査や報告が、国や関係機関によって何回も行われています。その中で、一九八九年に出された報告書[39]や一九九八年に出された報告書[40]には、追及権が先住民族の著作者保護には有益なのではないかという意見が盛り込まれています。さらに、二〇〇二年にも「マイヤーレポート」[41]という重要な報告書が発表され、追及権制度を取り入れることが強く求められていました。

これらを受けて、二〇〇四年三月、当時野党だった労働党が追及権法案[42]を上院に提出しました。七月には、政府が追及権に関するディスカッション・ペーパーを発行し、広く人々の意見を求める動きを見せます。このように導入への動きが高まり始めた中、一〇月の総選挙で与党である自由党と国民党が議席数を増やし、労働党勢力は大きく後退、提出した法案も不成立に終わってしまいました。労働党は二〇〇六年三月にも下院に追及権法案[43]を提出しますが、これも廃案となってしまいました。

そうはいっても、政府側が芸術家保護を放置していたわけではありません。政府の見解は、たとえ追及権を導入しても、その効果がアボリジニを含む芸術家保護のために十分機能するとはいえないのではないかということでした。そして、二〇〇七年五月に、六〇〇万豪ドルの予算を計上し、四年計画の視覚芸術著作者の保護強化政策を発表しました。

しかし、その後、政治の風が追及権に有利に吹き始めます。二〇〇七年一一月に行われた総選挙で、政権がケビン・ラッド率いる労働党に移り、労働党に公約を果たすチャンスが巡ってきたのです。二〇〇八年五月には追及権制度創設に向けて一五〇万豪ドルの予算を計上し、一〇月には通信芸術相が二〇〇九年七月一日までに追及権を導入するという計画を発表しました。そして、二〇〇八年一一月二七日、視覚芸術著作者のための追及権法案[*44]が下院に提出され、二〇〇九年九月八日に下院を、一一月二六日には上院を通過。こうして、二〇一〇年六月九日、オーストラリアの追及権制度は晴れて施行の日を迎えたのです。

第五章　追及権と制限規定のバランス

これまで、芸術家は思った通り貧乏であり（失礼！）、追及権があれば、芸術家も少しは幸せになるのではないだろうかという話をしてきました。二〇一一年現在、五五ヵ国以上の国が、追及権に関する法律を持っています。これらすべての追及権制度をご紹介することはできませんが、第四章でも触れた、EUにおける追及権の基準がどのようなものであるか、欧州指令の内容を紹介することで、概要を理解していただこうと思います。

それとともに、美術の著作物保護のあり方が、日本とヨーロッパでは違うということを、著作権の制限規定とのバランスという観点から見ていき、追及権のない日本の現状についても触れたいと思います。

追及権のための欧州指令

今日のEUは、欧州石炭鉄鋼共同体（ECSC）としてフランス、ドイツ、イタリア、オランダ、ベルギー、ルクセンブルクの六ヵ国でスタートし、ECを経て、二〇〇七年以降は二七ヵ国が加盟する大きな組織となっています。加盟国に効力を及ぼす「規則（regulations）」「指令（directives）」「決定（decisions）」のうち、ここで登場する「指令」とは、すべての加盟国がEUの方針に従う義務を持つものの、具体的な法制度については各国が国内法で決定するという取り決めのことです。

欧州指令2001/84/ECは、追及権指令とも呼ばれています。

第四章でもお話しした通り、欧州議会に最初に追及権についての提案が提出されたのが一九九六年であり、当時の加盟国は、原加盟六ヵ国に、イギリス、アイルランド、デンマーク、ギリシャ、スペイン、ポルトガル、オーストリア、フィンランド、スウェーデンの九ヵ国を加えた、全一五ヵ国でした。

その中で、オランダ、イギリス、アイルランド、オーストリアの四ヵ国は追及権制度を持っておらず、すでに法制度を導入している国であっても、徴収率は三％から五％と国によって違いがあり、保護対象となる作品についても同一ではありませんでした。

まだ追及権制度を持たない国々では、新たな制度の導入が自国の市場に与える影響を最小限にすることを目指し、すでに追及権制度を導入している国との間で様々な妥協を行いながら、最終案に至ることになりました。

欧州指令の本文は全部で一四の条文からなっています。ここでは、最も基本的な取り決めが書かれている第1条から第9条までを見ることにしましょう。

●追及権とはどのような権利なのか（第1条）

加盟国は、美術の原作品の著作者のために追及権を導入しなければなりません。追及権は、他人に譲り渡したり放棄したりすることができない、譲渡不能、放棄不能の権利です。

追及権料を支払わなければならないのは、プロの仲介者（販売会社、ギャラリー、ディーラーなど）を介した美術の原作品の取引をした場合です。追及権料の支払いについては、本来は販売者側に責任がありますが、各国の制度に導入する際に、プロの仲介者や購入者に共同責任を負わせることも認められています。

ただし、支払い義務のないケースもあります。芸術家（著作者）から直接に作品を買い取った人が三年以内に一万ユーロ以下で売る場合には、追及権料の支払いは不要です。

また、個人が営利目的ではなく美術館に作品を売る場合は、追及権料の支払いを求めないと取り決めることも可能です。

●どのような作品の取引が対象となるのか（第2条）

追及権料の支払いが生じるのは、美術の原作品か、原作品とみなされる複製物を販売する取引です。

美術の原作品とは造形美術とグラフィックアートを指しており、第2条では「絵画、コラージュ、油絵、素描、彫刻、プリント、リトグラフ、織物、陶磁器、ガラスの作品、写真の原作品、または原作品とみなされる複製」が例として示されています。そのいずれの原作品であっても、「作家自身の手で作られたもの」であることが追及権の対象とされる条件です。

「原作品とみなされる複製物」とはどのようなものを指すかといえば、版画や写真などのように、複数の作品を簡単に作ることができる、完全には一品物といえない要素を含んでいる作品の場合です。版画は、芸術家が作る原版を使って、作者本人あるいは別人が何枚でも刷り増すことができます。原型を使って作り出す彫刻も同様で、原型が完全な形で残りさえすれば、その後に何体でも作ることができます。このような作品が（追及権料を増やすために）際限なく複製されるのであれば問題が生じてくるので、「原作品とみなされる複製物」とされるためには、「著作者本人またはその監督のもとに数を限って作られること」が条件であり、作品に番号をふる、サインを書き入れるなど、著作者がなんらかの形で監督、承認したことを示す必要があります。

●販売額と徴収率はどうなっているのか（第3条・第4条・第5条）

追及権の対象となる取引については、取引の最低額を各国が設定することができます。欧州指令以前には、すべての取引を追及権料徴収の対象としている国もありましたが、導入の議論の中で、徴収の管理コストを考慮に入れて、三〇〇〇ユーロ以上の取引という基準が設定されました。下限を三〇〇〇ユーロよりも高い額に設定することは禁じられています。三〇〇〇ユーロより安い取引についても保護対象とすることは許されていますが、その場合の徴収率が四%を下回ることは禁じられています。

徴収率は、一三四ページの図3の通りです。

ただし、徴収限度額は一万二五〇〇ユーロを上限としているので、取引額がたとえ一〇〇万ユーロでも一億ユーロでも、一万二五〇〇ユーロ以上の追及権料は発生してこないことになります。

また、下限から五万ユーロまでの取引に課される徴収率については、特例として五％に設定してもかまわないことになっています。芸術家を手厚く保護することは妨げないということです。また、欧州指令以前には、イタリアのように、美術の原作品を「取得した額」が「販売した額」を下回って利益を生じた場合に限り追及権料を徴収するという形をとっていた国もありましたが、この指令によって、ある一定額以上の取引すべてについて徴収する方針に統一されています。

ただし、気をつけなければいけないのは、指令が定めた徴収率は、たとえば取引額が三三万ユーロならば、追及権料はその一％の三三〇〇ユーロというような単純なものではない点です。追及権料の計算は一三四ページの図4のように行われます。三三万ユーロのうち、五万ユーロまでは四％で計算し（二〇〇〇ユーロ）、五万ユーロを超えて二〇万ユーロまでは三％で計算し（四五〇〇ユーロ）、二〇万ユーロを超えて三三万ユーロまでは

取引額のうち、

～50,000ユーロ部分に対しては	⟶	徴収率4%
50,000.01～200,000ユーロ部分に対しては	⟶	徴収率3%
200,000.01～350,000ユーロ部分に対しては	⟶	徴収率1%
350,000.01～500,000ユーロ部分に対しては	⟶	徴収率0.5%
500,000.01～ 部分に対しては	⟶	徴収率0.25%

★取引額はすべて税抜きの価格
★追及権料の上限は12,500ユーロ

図3

取引額が330,000ユーロの場合は

①50,000ユーロまでの部分に対する追及権料
50,000×4%＝2,000ユーロ

②50,000.01～200,000ユーロの部分に対する追及権料
（200,000－50,000）×3%＝4,500ユーロ

③200,000.01～330,000ユーロの部分に対する追及権料
（330,000－200,000）×1%＝1,300ユーロ

①2,000ユーロ＋②4,500ユーロ＋③1,300ユーロ＝**7,800ユーロ**が
この取引に対する追及権料となります。

図4

一％で計算し（一三〇〇ユーロ）、それらを合計した七八〇〇ユーロが追及権料となるのです。

●誰が追及権料を受け取るのか（第6条・第7条）

追及権料を受け取る資格のある人は誰なのでしょうか。

芸術家本人が生きている場合には、作品を作った本人ですが、もし、亡くなっていたら、その権利を引き継いだ人になります。ただし、誰が引き継ぐかという相続の問題は、各国の相続に関する規定に従うことになっています。

遅くとも二〇一二年以降は、EU全加盟国で、著作者の生存中も没後も追及権を保護することになっていますが、EU以外の国の著作者の追及権についてはどうなるのでしょうか。この点について、欧州指令は、ベルヌ条約における追及権の規定と同じく、「相互主義」の立場をとっています。つまり、著作者の国籍がある国においてEU加盟国の著作者の追及権が保護されている場合に限り、相手国の保護水準に応じた形で著作者とその相続人の追及権も保護するということです。

そのために、追及権を導入しているＥＵ域外の国についてのリストを作成し、随時更新することを定めています。

また、域外の国に国籍がある美術の著作者であっても、加盟国に恒常的に居住している芸術家の場合は、その加盟国が自国民と同様にその芸術家の追及権を保護することができるとされています。

●どのくらいの期間保護するのか（第８条）

保護期間については、著作財産権についての指令に準じます。93/98/EECという別の指令によって、ＥＵにおける著作財産権の保護期間は生存中と没後七〇年間とされていますから、追及権の保護期間も現時点では生存中と没後七〇年間ということになるわけです。もし、今後、保護期間が延長あるいは短縮された場合には、自動的に追及権の保護期間も変更されます。

第四章でも述べましたが、追及権に関する欧州指令が定められる以前に追及権を持っていなかった四ヵ国については、法律の変更が与える国内市場への影響が大きいことから、二〇一〇年一月一日までは、亡くなった著作者への保護を免除されました。仮に国内の経済問題などのために、没後の権利保護にもっと時間が必要である場合には、さらに二年間の猶予を受けることができるとされています。

第8条の最後には、EUの追及権導入が成功したあかつきには、追及権導入を世界的なレベルで推進するために、提案を行うべきだということにまで触れられています。

●追及権料を受け取るための情報はどこから得るのか（第9条）

原作品が販売されてから三年間は、取引を仲介したプロたちに、著作者が追及権料を受け取るために必要な情報を提供する義務があることを、各国の法律で規定することを命じています。

追及権の別の側面

こうして、EUでは、美術の著作者が持つ追及権が認められました。二七もの国家が一定レベルの追及権制度を共有できたことは、芸術家保護において非常に重要であり、意義があることであると思います。この法制度ができたことで、芸術家はわずか数%とはいうものの、販売が行われるたびに追及権料を受け取ることができ、それと同時に、自分の作品が評価されていることをも知ることができるのです。

第一章に登場した画家のマルチェッロも、詩人のロドルフォ同様に、収入を得続ける可能性が与えられたということになります。そうなると、販売が行われる際に、芸術家も利益を受ける人の一人という立場になるのですから、販売促進のためならば、自分の作品の画像を使ってもらってもいいではないかと思うのではないでしょうか。

しかし、作品の画像を使う側からすると、著作権料を支払いたくないわけですから、そのために作品紹介の機会が減ってしまうとすれば、芸術家のためにもならないでしょう。せっかくの追及権も作品が売れなければ宝の持ちぐされなのですから。

各国の著作権法が、その点をどのように取り扱っているのかを見ていきましょう。

●EUの場合

欧州指令の中には「情報化社会のための指令（2001/29/EC）」と呼ばれるものがありま

す。社会の情報化が進んで新しい技術が導入されることによって、著作権に関するこれまで想定できなかったような問題が発生していることから、加盟国全体としてそのような諸問題に対して統一した対応をとるために、二〇〇一年に定められた指令です。

その第5条には、著作権が制限されたり適用についての例外とされたりする具体例が挙げられています。教育や研究の場での使用、障害者の利益を目的とした使用などの条件のもとでは、著作権の適用が制限される、つまり、自由に使用してもかまわないというものです。この第5条の第三項(j)に美術の原作品に関する取り決めがあります。

欧州指令（2001/29/EC）

第5条　例外と制限

3　加盟国は以下の場合においては、第2条及び第3条に規定する諸権利に対して例外又は制限規定を置くことができる。

(j)　公の展覧会又は美術作品の販売の場合、当該イベントを促進するために必要とされる範囲において。

ただし、その他のいかなる商業的使用も除く。（著者訳）

展覧会や美術品販売のイベントを促進するという範囲内であれば、著作物を使ってもよいとする規定を設けてもよいということです。展覧会についていえば、図録、チラシ、ポスターなどへの使用が考えられます。美術品の販売では、オークションのカタログなどでの使用が該当します。

ただし、「その他のいかなる商業的使用も除く」と明記されていますので、たとえば、展覧会が終わった後、美術館の宣伝のために作成する別のポスターに使う場合などにはこの例外は認められず、通常通りの著作権者の許諾が必要になります。また、オークションが終了した後に、カタログにのせた作品の写真を自社の広告に使う場合も、同様に著作権者の許諾がなくてはいけません。

このような制限を設ける規定が作られることで、著作者は本来カタログなどの制作時に受け取れるはずの著作権料を手にできなくなります。それでも、美術館の展覧会で作品の画像が使われるということは、自分の作品が多くの人の目に触れる絶好の機会であり、その後の作品評価や価格に良い影響を与えるかもしれません。また、オークションのカタログにのった作品が売れれば、追及権料の支払いを受けられます。ということは、この制限規定によって複製権料が減ったとしても、展覧会やイベントのおかげで作品が売れるようになれば、著作者は恩恵を被る側に立てるのです。

●イギリスの場合

実は、イギリス著作権法[*45]（一九八八年法）には、もともと著作物を自由に使ってもかまわないという、著作権の例外について定めたフェアディーリングという規定がありました。最近、アメリカにおける一般的例外規定であるフェアユースが話題となり、日本でも一般規定を入れた日本版フェアユースを導入しようという動きがあります。しかし、このフェアディーリングは、一般的な「フェア」を規定するのではなく、個別具体的、つまり、何をどのように使えば著作権侵害とはみなされないかが具体的に示されています。第29条では研究や私的学習に関して、第30条では批評、評論、報道に関して、そして第31条では偶発的な挿入（テレビのドキュメンタリー番組の中に、偶然ラジオから流れる音楽の音が入っていたというようなケースです）に関して、それぞれ規定されています。
しかし、美術品の販売のための複製については、このフェアディーリングの中ではなく、第63条で取り決められています。イギリスでは、欧州指令（2001/29/EC）が出される前から、美術品の販売のための複製が許されていました。

イギリス著作権法（Copyright, Designs and Patents Act 1988）

第63条　美術著作物の販売の広告

⑴　美術の著作物の販売を広告することを目的として複製を行うこと、あるいは、複製物を公衆に配布することは、著作権の侵害としない。

⑵　この条の規定によらなければ侵害複製物となる複製物が、この条の規定に従って作成され、その後それ以外の目的のために利用されるという場合には、その複製物は、その目的においては侵害複製物として取り扱われる。

この目的上、「利用される」とは、販売され、貸与され、販売若しくは貸与のために提供され、若しくは陳列され、公衆に展示され、頒布され、又は公衆に伝達されることをいう。

（筆者訳）

「美術品を販売するための広告に作品の画像などを掲載したり、またはその画像をのせたものを人々に配布したりすることは、著作権侵害ではありません（1）。ただし、第63条の規定によって著作権侵害にはあたらないとされたものが別の目的で利用された場合は、著作権を侵害する複製物として取り扱われます。この場合の『利用』とは、売る、貸す、別の人が売ったり貸したりするために提供する、陳列する、人々の前で展示する、人々に配る、公衆に伝達するというような行為を指します（2）」という意味です。

この規定は、書籍の形をとるカタログはもちろん、オンラインの販売カタログの場合も適用されます[*46]。

このように、芸術家が持つ著作権が制限されて、作品の画像などの複製が自由に使用されたとしても、最終的に作品が売れれば、その芸術家には追及権料が支払われるのですから、フェアなやり方と見ることができます。イギリスはヨーロッパ最大の美術品取引市場を持っており、芸術家に適切な保護が与えられているといえるのではないかと思います。

●フランスの場合

フランス著作権法にも、イギリスのフェアディーリングに相当する、著作権の適用を制限する条項が設けられています。それが、第122の5条です。ここには、公表した著作物に関して、著作者が禁止することのできない行為について書かれています。私的で無料の上演や演奏、教育的なあるいは学術的な性質などを持つ著作物の中での要約や引用、公の場で行われた政治家の演説の報道、パロディなどがそれにあたり、著作者の名前や出所が明示されることが条件とされています。

美術品の販売に係わる規定もこの中にあります。

フランス著作権法(Code de la propriété intellectuelle)

第122の5条

(3)著作者の名前及び出所が明示されることを条件として、

(d)販売に供されるグラフィックアート又は造形美術の著作物の解説を行うことのみを目的として、販売前に、フランスにおいて行われる裁判上の競売の販売カタログに掲載することを目的としてなされる、美術の著作物の全体的又は部分的複製

(筆者訳)

欧州指令(2001/29/EC)やイギリスの著作権法と比べてみると、たいへん面白いことがわかります。欧州指令は、「展覧会や美術品販売のイベントを促進する目的」ならば、「必要な範囲」で自由に使ってもかまわないとしています。イギリスの著作権法は、「販売を広告することを目的として複製を行う」場合は、著作権侵害にあたらないとしています。それに対して、フランスの著作権法では、著作者が禁止できないケースは、目的が販売される美術品の「解説」のみで、時期も「販売前」だけ、掲載するものも「販売カタログ」に限られています。

もう一つの条件である「裁判上の競売」には、フランス特有の背景があります。フランスで行われるオークションには、所有する美術品を売りたいという場合のオークション

（任意競売：vente volontaire）と、所有者の意思に基づかないオークション（強制競売：vente forcée　差し押さえ品の競売を意味します）とがあり、前者は「裁判上の競売」には該当しません。つまり、裁判所の命令で行われるオークションの時に限って、第１２２の5条第3項(d)による複製が認められるというわけです。もともとフランスでは、競売吏という名前の裁判官の補助吏がいなければ競売を開催することができず、その後、美術品取引市場への参入障壁であるというEUの申し立てによって、競売吏を置くのは裁判上の競売のみに限定されたという経緯があり、同じ競売といっても、「裁判所が行う競売」に限って欧州指令の例外を取り入れています。

さらに、フランスでは、インターネットオークションというものは、「競売」にはあたらないとされています。[*47] ということは、複製を認める例外規定が設けられているとはいっても、プライベートな競売やインターネットオークションでは、著作物の画像の自由な使用が事実上不可能ということです。

イギリスは、美術品の販売の広告目的に限って作品の複製を認めている点と、追及権制度を取り入れたことで、非常にフェアな状況にあると言いましたが、フランスでは、販売の広告目的の複製を裁判上の競売に限定しており、もちろん追及権も導入していることから、芸術家をさらに手厚く保護する体制がとられているといえるのではないでしょうか。

●日本のオークションに係わる例外

これまで欧州指令、イギリス・フランスの著作権法について見てきたわけですが、我が日本ではどのような状況なのでしょうか。

前にも述べたように、残念ながら、追及権はまだ導入されていません。

しかしながら、二〇〇九（平成二十一）年の著作権法改正の際、ネットオークションで美術品を販売する場合などに関して、新しい規定が設けられました。それが第四十七条の二の第一項です。

著作権法（日本）

第四十七条の二　美術の著作物又は写真の著作物の原作品又は複製物の所有者その他のこれらの譲渡又は貸与の権原を有する者が、第二十六条の二第一項又は第二十六条の三に規定する権利を害することなく、その原作品又は複製物を譲渡し、又は貸与しようとする場合には、当該権原を有する者又はその委託を受けた者は、その申出の用に供するため、これらの著作物について、複製又は公衆送信（自動公衆送信の場合にあつては、送信可能化を含む。）（当該複製により作成される複製物を用いて行うこれらの著作物の複製又は当該公衆送信を受信して行うこれらの著作物の複製を防止し、又は抑止するための措置その他の著作権者の利益を不当に害しないための措置として政令で定める措置を講じて行うものに限る。）を行うことができる。

「美術（あるいは写真）の原作品や複製物を所有している人やその人に頼まれた人は、原作品や複製物を売ったり貸したりするための複製や公衆送信が（著作者の許諾なしに）できます。その時には、著作権法施行令に定めた措置を講じてください」ということです。

この条項ができたことで、美術品の販売や貸与を行う場合、著作権の例外として複製などができるようになりました。つまり、ネットオークションなどを行う際に、作品の紹介のために美術品の画像を作成したり（「複製」）、それをインターネットで多くの人に配信したりする（「公衆送信」）ことが、一定の条件の範囲内であれば、著作者の許可を得なくてもできるようになったのです。

さらに、この規定は伝統的なオークションにも影響が及びます。ここでは、ネットオークションとの区別をするために、オークショニア（競売人）と呼ばれる人たちがハンマーを打ち下ろしながら落札者の名を呼ぶ形式のオークションを、「伝統的オークション」と呼ぶことにします（「とんねるずのハンマープライス」というテレビ番組で、こういうシーンがありましたね）。

では、この新しい法律によって決められた具体的な内容を、それぞれのオークションの特徴とともに見ていきましょう。

①ネットオークションの場合

ネットオークションには、伝統的オークションとは異なる特徴があります。

ネットオークションでは、ネットの画像で見ただけの品物について、現物を直接目で確かめることもないままに、見知らぬ相手との取引を行います。また、ネット上にオークションの場を設ける会社が介在していますが、ネット上にのせる画像を作るのも、商品についての説明文を作るのも、多くの場合、売り手自身です。つまり会社は、商品自体にはまったく関係をしない、サイトの運営者にすぎないわけです。

ネットオークションは、その匿名性や迅速性が参加者にとっての大きな魅力でありますが、同時に、それらの利便性の陰には取引リスクがひそんでいるともいえます。極めてアナログ的な考えだという非難を覚悟のうえで申し上げますが、美術品のようなものの取引は現物を見てから行うのが最善だと、私は思っています。

この考えの是非はさておき、インターネットで美術品を購入しようという人にとって、商品に関する視覚情報が非常に重要であるという点は、伝統的なオークションと同じ、もしくはそれ以上でしょう。

そこで、二〇〇九年の著作権法改正で、作品の画像を作成したり公衆配信したりすることがネットオークションでは必要不可欠であるとして（第四十七条の二により）、著作者の許可は不要ということにしたのです。さらに、文部科学省の省令（著作権法施行規則）により、使用する画像の精度は三万二四〇〇画素以下と定められています（プロテクションをかけるのであれば、九万画素まで認められます）。

取引リスクを減らすという意味合いにおいて、この法律は有益であるといえます。

②伝統的オークションの場合

伝統的オークションについてはある程度ご存じの方も多いと思いますが、ネットオークションとの違いをはっきり認識していただくためにも、その概要を見ておきましょう。

オークションを主催する会社によってやり方に違いはあるでしょうが、参加者に美術品の値を競わせて最高額を提示した人にそれが販売される点は皆同じです。オークション会社は、オークションのたびに出品作品を掲載したオークションカタログを作り、事前に、あるいは当日に参加者に配付します（有料の場合も無料の場合もあります）。オークションに先立って下見会が行われ、参加者はそこで現物を自分の目で確かめ、オークションに臨むのが一般的です。

オークションカタログには、作品の写真はもちろん、正式なタイトル、著作者名、著作者の経歴、受賞歴、作品所有者の履歴（プロベナンス）などが掲載されています。もし、プロベナンスに著名な画商やコレクターの名があれば、作品の価値が保証されているとも考えられ、価格が上がることもあります。カタログは高価な美術品の取引の大切な情報源ですから、作品の色彩やタッチなどを極力忠実に再現した、美術書としても通用するレベル、つまり鑑賞に値するような複製物であることが求められます。オークション会社は取引を成功させるためにカタログ作りに力を入れますし、それゆえに優れたカタログは、作品の来歴を知るためにも、それ自体がコレクターや専門家の間で大事に保管されたり取引されたりします。

先にも述べたように、第四十七条の二は、元来ネットオークションを念頭において考えられたものですが、現実にはすべてのオークションが対象とされたことから、伝統的なオークションにも大きな影響を与えています。それまでは、オークションカタログを作ることとは複製行為にあたるとして、著作者の許諾が必要であったことから、著作者には著作権料が支払われていました。しかし、この条文の追加によって、省令で定められた、画像の大きさは五〇平方センチメートル以下にするという条件さえ守れば、許可なしでオークションカタログを作れるようになったのです。

●制限規定のバランスと追及権

新しい第四十七条の二への反応は、著作者、販売者、オークション会社、ネットオークション会社など立場の違いによって様々です。

そのどれにも該当しない立場にある私の意見を申し上げますと、たいへん困惑しております。なぜならば、著作権法の他の条項や著作権法全体の目的とのバランスが、とても悪いように思えるからです。

著作権法という法律は、第一条にあるように、「文化的所産の公正な利用に留意しつつ、著作者等の権利の保護を図り、もつて文化の発展に寄与することを目的とする」ものであって、権利の保護と文化の発展への寄与とを、バランスよく実現させていくことが非常に重要なのです。

ここからは、第四十七条の二が抱えていると思われる課題について述べていきたいと思います。

①芸術家たちが不利益を被っていること

第四十七条の二には「原作品又は複製物を譲渡し、又は貸与しようとする場合」とあり、対象を販売の場合とレンタルのような貸与の場合としています。つまり、売るわけでも貸し出すわけでもない展示は含まれていません。それは、美術展カタログあるいは図録と呼ばれる書籍についての複製が含まれていないということです。

この美術館カタログについての規定は、著作権法の第四十七条にあります。

第四十七条　美術の著作物又は写真の著作物の原作品により、第二十五条に規定する権利を害することなく、これらの著作物を公に展示する者は、観覧者のためにこれらの著作物の解説又は紹介をすることを目的とする小冊子にこれらの著作物を掲載することができる。

「第二十五条で定められている展示権を侵害しない形で、美術品や写真作品を展覧会や美術館などで公に展示する時、見にきた人々に提供するために作る、作品の解説や紹介する文章をのせた小冊子には、作品の画像を掲載することができます」という意味です。

これを読めば、展覧会や美術展でのカタログや図録にも作品の画像を自由に掲載できると思われる向きも多いと思いますが、実は違うのです。

第四十七条でいう「小冊子」の範囲に属するためには、どのような条件を満たさなければならないかを示した裁判例があります。それが「レオナール・フジタ展事件」(東京地裁　平成一年十月六日判決　昭和62(ワ)第1744号)です。一九八六(昭和六十一)年から八七年にかけて、藤田嗣治の展覧会「レオナール・フジタ展」が開催されました。この時、展覧会の主催者が、藤田嗣治の遺族の許諾を得られなかったにもかかわらず、展覧会カタログを作って販売したことに対し、遺族が著作権侵害の訴えを起こしました。主催者側は、カタログは第四十七条に規定されている小冊子であり、著作権者の許可は必要ないと主張しました。しかし、裁判所は、このカタログが、「実質的にみて鑑賞用として市場で取引されている画集と異なるところはないから」、第四十七条の小冊子に該当するとはいえないとして、侵害を認めました。

ここで、先に見たオークションカタログの場合を比べてみてください。オークション会社は、以前は著作権料を支払ってカタログに作品の写真をのせていたはずです。しかし、第四十七条の二の成立以降は、オークションカタログでは、写真の大きさの基準を守りさえすれば、鑑賞用として取引される画集レベルの豪華なものであったとしても、著作物を自由に使うことができるようになったのです。ところが、展覧会や美術展のカタログの場合は、「鑑賞用」に相当する作りであれば、著作者の許可を得なければ掲載できないのです。

これは非常に大きな問題です。著作権法の目的の一つが「文化の発展への寄与」であるにもかかわらず、文化的イベントである展覧会や美術展のカタログには認められていないことが、商業目的のカタログには認められているのです。これが、私が第四十七条の二がバランスの悪いものと考える理由の一つです。

では、展覧会や美術展のカタログの場合にも、オークションカタログと同じように、サイズだけ限定して自由に使えるとした規定を作ればよいのでしょうか。そうなれば、制作費用が圧縮されて、内容も今まで以上に充実したものになるかもしれません。展覧会や美術展のカタログには、オークションカタログと少なくとも同等かもっと広範囲な自由を認めるような規定を設けた方がいいという意見が出ることも、大いに予想されます。

しかし、自由利用が拡大されることによって、その影響で不利益を被る人も存在するのではないでしょうか。

それは、本来著作権法によって保護されるべき著作者たちです。自由に画像が使えるようになったということは、裏返せば、それまで芸術家に支払われていた著作権料がその分だけ減ってしまうということだからです。第四十七条の二によって、販売者や貸与者は便益を得られます。また、日本の国も、オークション会社も、購入者も、何も失っているものはありません。その中で、美術の著作者の権利だけが制限されているのです。

第四十七条の二によって、ネットオークションでの取引リスクが減るだろうといっても、リスクが完全になくなるわけではありません。結局は、取引上の「一定レベルの安全」と引き換えに、著作者が持つ使用の可否を決める権利や著作権料を受け取る権利を制限し、芸術家に困窮を強いていると取ることもできます。

そして、美術館は、販売者の支払わずにすむようになった著作権料を補填するために支払い続けるのかという議論となった場合には、著作権は本来誰の権利であり、誰が何を負担すべきなのかという根本的なことを検討する必要が出てくるのではないでしょうか。

②美術の著作者に見返りがないこと

もう一つの不均衡は、第四十七条の二の対価としての補償金などの支払いが行われないということです。教育目的や、障害のある方たちの使用などの用途であれば、著作者の権利に対する制限規定を置くことは必要です。ただし、検定教科書や試験問題での使用の場合、さらには、商業用であれば視覚障害者のための拡大教科書への使用の場合も、補償金が支払われているのです。教科書や試験のために、モノクロで五〇平方センチメートル以下の複製が行われた場合でも、補償金の支払いが発生します。一方で、オークションカタログにフルカラーで印刷された場合や、ネットオークションサイトに九万画素で掲載された場合は、無料となってしまうのです。

教育を目的としている教科書などでの使用でさえ、このような補償金が義務づけられているのであれば、商業目的である第四十七条の二の適用によって生まれた不利益に対しても、それを緩和するための補償制度が設けられるべきではないかと思います。ここでも商業的リスクの軽減と教育的使用との間のバランスの悪さが存在しているのです。

③日本に追及権が導入されていないこと

追及権制度が取り入れられると、一つの作品が販売されるたびに販売額の数%が作者に入ってくるということをお話ししました。日本でこの追及権が導入されていないことでも、芸術家たちは不利な状況に置かれています。

この章の最初の方でも述べたように、追及権を導入しているEUでは追及権に関して相互主義をとっています。ですから、EU域外の作家の作品が域内で販売された場合、作者の国籍がある国で追及権が導入されていなければ、その作家の追及権は保護されず、追及権料も支払われません。つまり、世界最大規模の美術市場を持つイギリスやフランスで日本人芸術家の作品が販売されても、日本に追及権が導入されていない現段階では、相互主義を理由に追及権料の支払いはまったく行われないわけです。

追及権が導入されていない日本において、欧州指令の「美術作品の展覧会や販売のイベント」のうち、販売だけを例外とする法が先行してできてしまいました。二〇〇九（平成二十一）年に第四十七条の二ができたことが生むバランスの悪さとして、展覧会の図録と補償金のことを指摘しましたが、これに加えて、追及権も与えられていないのです。そして、日本の芸術家は、国内の販売者たちからの著作権料が受け取れないだけでなく、国外から利益を得る機会も奪われてしまっているのです。

第六章　追及権は芸術家を救えるのか？

さて、最終章を迎えました。ここまで読まれて、現代において芸術家をなんらかの形で保護しているのは著作権法であること、著作権の中には追及権という権利があり、これによって貧乏な芸術家が少なくとも金銭的には救済されるはずであること、この追及権がEU諸国をはじめとする国々で導入されていることをご理解いただけたと思います。また、日本には、追及権制度がなく、美術品の販売などに係わる著作権を制限する規定のみが存在しているため、芸術家が不利益を被っている現状についても見てきました。

この章では、追及権の導入がどのような影響をもたらすかを見ていき、結論へとつなげていきたいと思います。

美術品市場と追及権の影響

追及権を導入することによって真っ先に影響を受けるのは美術品市場です。美術品の取引が行われる国の法律が追及権を認めているか否かによって、支払い義務が生じるかどうかが決まってしまいます。追及権においては、芸術家がそれを導入している国の国籍を持っているかどうかも重要ですが、取引が行われる国が追及権を取り入れていなければ何にもなりません。二〇一一年現在、アメリカは国としては追及権を導入していないわけですから、ニューヨークの市場で取引された場合、作家がどこの国の人であっても、追及権料が支払われることはありません。しかし、フランスやイギリスでは追及権が導入されていますから、ロンドン市場やパリ市場などで取引をすれば、芸術家の国籍がある国でも追及権を取り入れていれば、支払いは行われます。

これによって、「追及権制度のない国に市場が移動する」という可能性が出てくるということなのです。制度を導入している国では販売者には追及権料の支払い義務が生じますから、出費はできるだけ避けたいと思うのが当然でしょう。そうなると、ロンドンではなくて、支払い義務のない、たとえばアメリカの市場、あるいはスイスの市場に出品しようということになるという主張をする学者も多くいます。事実、二〇〇六年にイギリスが追及権を導入する以前には、市場が他の国に移ってヨーロッパ最大の美術市場が崩壊するのではないかと危惧されました。しかし、蓋《ふた》を開けてみたら、翌年の市場での取引額はそれまでの最高を記録したといわれました。

市場が移らなかった理由としては、まず、市場を移すためには作品の運送費や保険などのコストがかかるので、すぐさま市場の移転には結びつかないことが挙げられます。さらに、新しい市場について、良い顧客が集まっているかどうかなどがよくわからないということも考えられます。もう一点付け加えるとするならば、現時点では、イギリスでは没後の著作者の追及権保護が行われておらず、生存中の著作者のみが保護対象であることです。つまり、ほんとうに市場が移動するようなことにならないかについては、イギリスが他のEU諸国と同様に全著作者を保護する状態になってみなければわからないのです。

追及権導入にはどんな意味があるのか

私は、まえがきで、この本を日本の芸術家を目指す若者にぜひ読んでいただきたいと述べました。それは、追及権こそが芸術家を守ってくれる権利だと知っていただきたかったからです。

多くの芸術家は社会的に孤立した立場にいます。家族がいないとか、創作上の精神的孤独だとかを言っているわけではありません。小説家であれば出版社、作曲家であればレコード会社という組織が、作品を世に知らしめ、その複製物を世界に広めるという役目を担ってくれます。しかし、芸術家の場合は、画廊などがバックについたりしなければ、制作した作品の販売などのマネージメントを、本業は創作者であるにもかかわらず、芸術家自身で行わなければなりません。また、著作者の不利益を是正したり、権利を拡大するようなロビー活動をしてくれる組織がバックにいるというわけでもありません。そういう意味で、社会関係の中で孤立しているということを言ったのです。しかも、日本の場合、著作権法による保護も不十分であることから、美術の著作者だけを対象とした追及権というものが導入されてもいい、いや、導入されるべきだというのが私の考えです。

芸術家保護の一つの手段として、日本でも追及権が取り入れられたとすると、それはどのような意味があって、どのような形で芸術家を保護することになるのでしょうか。

芸術家には著作権による保護が与えられてはいますが、複製権で収入を得ている著作者に比べると、保護が十分であるとはいえません。彼らに追及権があることは、販売が行われるたびに受け取れる新たな収入源が発生することを意味します。

しかし、一方で、追及権はすでに著名で裕福といえる芸術家のみが潤うものであり、無名で貧しい芸術家にはなんら影響はないのではないかという議論があることも確かです。この点については、イギリスの事例から一つの結論が見えてきます。イギリスは、追及権料の支払い対象となる取引の下限を欧州指令で示された三〇〇〇ユーロではなく、一〇〇〇ユーロに設定しました。これによって、保護対象となる芸術家数は倍増したといわれています。

このことは、一つの作品に数万ユーロ、数十万ユーロの高値がつく芸術家は一部にすぎず、多くの芸術家の作品が一〇〇〇〜三〇〇〇ユーロの範囲内で取引されているという事実を示しています。それでも彼らの生活は、追及権料の支払いが行われることによって大きく変化したと思われます。次の作品の制作費や生活費を稼ぐのに必死になっている芸術家であっても、以前に手放した作品の追及権料によって、その苦境がいくらか緩和されたはずです。

追及権に課題がないとはいえませんが、ともあれ日本がこれを導入することで、ＥＵ加盟国であれば三〇〇〇ユーロ（イギリスであれば一〇〇〇ユーロ）以上で販売された作品を作った日本人芸術家が、恩恵を被れるのです。もちろん、描いても描いてもまったく売れないし、なかなか認められない芸術家もいるかもしれません。しかし、仮に今はそうだとしても、作品が少しでも売れるようになって転売された時に、取引が行われた国の定める最低額を超えてさえいれば、追及権料を得られる道が開かれているのと、閉ざされているのとでは、雲泥の違いがあると思います。

追及権のない国に芸術は栄えるか

かの藤田嗣治は、生前にフランス国籍を取得しました。現在も彼の著作権継承者は、作品の複製などによる著作権料を受けています。藤田画伯が日本を捨てた背景には何か事情があったのでしょうが、フランス人となり、追及権の適用を受けられるようになったことには大きな意味があります。

第二章でご紹介したミレーの「晩鐘」の話を思い出していただきたいのですが、著作者が制作をやめたり亡くなったりして、著作物が新たに作られない状況になると、作品の希少性が増して、価格が上がったり、取引が活発になったりすることがよくあります。このような場合、もう作らなくなった著作者あるいは遺族にとって、生活の糧としての追及権による収入があることは非常に歓迎すべきことです。

藤田の場合は追及権を求めてフランス国籍を取得したわけではありませんが、追及権があることが望ましいと思う芸術家にとっては、追及権を取り入れている国に国籍を移すことも一つの選択肢になり得るのではないかと思います。日本がこと芸術家への保護に関して発展途上な状況を放置し続け、芸術家たちが、次々と、イタリアへ、フランスへ、スペインへ、イギリスへと居を移し、頭脳流出ならぬ芸術家流出などという事態が起きてしまったら、その時、我が国の政府はどうするつもりなのでしょうか。

最後に、著作権法第一条をもう一度見ておきましょう。

第一条　この法律は、著作物並びに実演、レコード、放送及び有線放送に関し著作者の権利及びこれに隣接する権利を定め、これらの文化的所産の公正な利用に留意しつつ、著作者等の権利の保護を図り、もつて文化の発展に寄与することを目的とする。

芸術家が豊かになり、良い作品が生まれ、文化全体が豊かになることはすばらしいことです。追及権や著作権が現代の「芸術の擁護者――パトロン」となって、すべての芸術家の生活の向上に役立つ日がくることを、心から願ってやみません。

あとがき

最近、「著作者の権利」という観点から書かれた本が少ないような気がする。私の気のせいであればいいのだが。むしろ、「いかにして」コントロールするか、無料で使うか、あるいは儲けるかといった本ばかりが目につくのは、社会が効率性を求める傾向があるからなのかもしれない。

社会を俯瞰《ふかん》すれば、効率的であることは、おそらく、計算式を見るような意味合いで美しいといえるだろう。しかし、その社会の構成員である個々人にとってみれば、効率的であることが唯一の価値観ではない。限定的な処理を迅速かつ正確に行うことについて競争すれば、人間は機械にはおよばない。けれども、それゆえに機械が人間よりも総合的な優位性を持つとはいえないのは、効率性だけで判断しているわけではないからである。もちろん、効率性の追求を否定するものではない。しかし、全員が同じ方向から検討するばかりではなく、様々な観点からの分析が多くの分野で行われることが、より良い方向性を見出す第一歩につながるのではないだろうか。

そんな中、著作者の権利の観点から見て、芸術家が、小説家や音楽家と、少なくとも同等の権利を持つべきではないかということについて書いてみたいと思った。

私は以前、フランスの国立美術館を統括する組織ＲＭＮ（Réunion des Musées Nationaux）が海外拠点として日本に設けた会社に勤務していた。業務上の必要性から著作権について学び始めたが、生半可な知識だけでは埒《らち》が明かないと思い、一念発起して大学院に進むことにした。

受験の際に研究計画書の提出が求められたが、研究計画といわれてもどのように書いたらいいのかわからない。この時相談したのが、早稲田大学政治経済学術院の清野一治教授だった。ご相談に乗っていただいた後、すでに卒業したというのにいつまでも先生の手を煩《わずら》わせて申し訳ありませんとメールしたところ、「いったん私の生徒になったら、卒業してもずっと私の生徒です」とお返事をいただいた。

二〇〇九年の一月に、ゼミ生と卒業生が一堂に会した飲み会が行われた。その席でお礼とメールに感激したことを伝えると、先生は照れたのか、「俺、そんなこと言ったか？」と言われた。そして、その年六月、清野先生は、突然、帰らぬ人となったのである。それ以降、毎年六月には先生のお墓参りをした後に大宴会を催す。そして二〇一一年には「政治経済学部清野一治研究室稲門会」を立ち上げ、年次総会という名の宴会が今後も続いていくことになった。私も含め卒業生は皆、今でも清野先生のことを「いったん私の先生になったら、ずっと私の先生です」と思っている。そして、何度思い返してみても、大学院に入学できたのは、清野先生のお陰である。

早稲田大学大学院法学研究科修士課程に進み、私は高林龍教授の研究室に入った。講義は、院生が自分の興味のあるテーマを探し、毎週順番に二〇分ずつその内容を報告する形式をとるという。高林先生は、テーマの選択について相談したいことがあれば、メールをしてくるようにとも言われた。私の記念すべき第一回目の報告テーマは、「藤田嗣治事件」である。高林先生にメールして、美術の著作物に興味があるのでこの判決について調べたいと伝えると、結構ですとのお返事をいただいた。そして、メールの最後には「ところで、私が裁判官としてこの裁判を担当したことを知っていますか」と書かれていた。今だから言うが、知らなかった。高林先生が高名な裁判官だったことは聞いてはいたのだが。そして、数週間後、判決を書いた本人の前で報告をするという苦境に立たされたのは、言うまでもない。

高林研究室には、多彩な顔ぶれがそろっている。すでに大学教授となっている著作権の専門家もいれば、意匠法のプロ、特許法のプロもいる。授業では、デザインの本質やプロイセンの著作権法の歴史を語るツワモノまでいる。そこに、美術の著作権だけに興味を持ち、日本にない権利をテーマに論文を書きたいという変わり種が混入してしまったのである。しかし、高林先生の懐は深かった。法学部出身でもなければ、法曹資格もない普通の社会人が、修士課程および博士課程を無事修了して、博士論文を書くことができたのは、高林先生のお陰である。

二〇〇九年秋に博士論文を提出し、二〇一〇年三月に学位を得てから、この論文をどうすべきか、しばらく私は考えていた。苦労して書いた論文だから、書籍にして残したいという気持ちもあったが、たとえ書籍になったとしても、果たしてその本を芸術家が手にとって読んでくれる可能性はあるのだろうかと考えていた。それを聞いて、集英社新書の編集部に紹介の労を取ってくれたのが、大学院修士課程の後輩、オレンジ国際特許事務所の平山太郎さんである。

集英社新書の長谷川浩編集長から、とにかく書いてみてくださいと言われ、二〇一〇年五月から原稿を書き始めた。その後、週二回の非常勤講師の仕事の傍ら、海外出張の合間をぬって、ある時は電車の中で、ある時は機内で書いたのがこの原稿である。

書き上げた原稿を、高林先生に海外からメールでお送りすると、早速全編に目を通してくださったうえ、翌日にはコメントまで頂戴した。早稲田大学法学学術院助手の志賀典之さんは、細部まで内容を確認してくれた。お二人には、本を出すということに対する学者としての姿勢を、身をもって示していただいたように感じる。

執筆に際しては、日本の著作権管理団体の草分け的存在である、美術著作権協会（SPDA）代表理事の岡田幸彦さんから、数々の貴重なアドバイスをいただいた。岡田さんのような方々の奮闘と熱意に、多くの著作者が支えられていると思っている。

集英社新書の長谷川浩編集長には、多くの助言をいただいた。また、校正を担当していただいた創美社の寺岡雅子さんには、拙稿の日本語を正すとともに、灰汁《あく》や澱《おり》や濁《にご》りを取ってピカピカの文章にしていただいた。お二人のお力を借りなければ本書を完成することはできなかったといっても過言ではない。

七年間、授業終了後には毎週のように飲みに行き、飲んで笑って議論した。このような時間を過ごすことができたのも、先輩、同級生、後輩の皆さんの向学心と強烈なキャラクターに加え、同級生でありながら宴会のパトロンとして、私も含めた貧乏学生の面倒を見てくれた、ドライト国際特許事務所所長の吉田正義さん、しろくま特許事務所所長の五味飛鳥さんのお陰である。本書をお読みいただき、どこかほめていただける点があるとすれば、それはすべて、このような友人たちに囲まれて伸び伸びと研究できたことに起因する。一方で、問題点があるとすれば、飲みすぎで筆が滑ったのだろうと考えてお許しいただきたい。

皆様のご厚意とご尽力の中、私の博士論文「追及権による美術の著作者の保護―追及権制定の背景と発展の可能性」は、集英社新書へと生まれ変わった。
この場を借りて、皆様に心より御礼申し上げる。

二〇一一年九月

まったくの私事ではあるが、二一世紀を待たずして一九九九年に亡くなった父、小川久米蔵は、宮城県桃生《ものう》郡鳴瀬町（現在の東松島市）の出身である。このたびの震災の折、もし元気であれば、即座に故郷に飛んで帰り、また、病気であれば、自分には何もできないとただ嘆き悲しんでいたに違いない。父に代わって、本書の印税の一部を父の母校石巻高校鰐陵《がくりよう》同窓会に託し、皆さんのお役に立てていただきたいと思う。

そして、本書を、二〇一〇年六月に大腿骨複雑開放骨折をしながら、現在は笑って自転車に乗る喜寿の女傑、母、小川初江に捧げる。

注（著者名と書名、論文名だけのものの詳細は参考文献を参照のこと）

●第一章

1　原作は、アンリ・ミュルジェール（Henri Murger 1822-1861）の“*Scènes de la vie de Bohème*”。ミュルジェールは、作家を志して貧しさに耐えながら仲間とともに暮らした若き日の経験をもとに、一八三〇年代のパリに暮らす若者たちを描いています。この作品をオペラ化したのがプッチーニの『ラ・ボエーム』です。

2　藤田嗣治『腕一本』講談社　一九八四年

3　ジャン＝オーギュスト＝ドミニク・アングル（Jean-Auguste-Dominique Ingres 1780-1867）によるFrançois 1er reçoit les derniers soupirs de Léonard de Vinciは一八一八年に描かれた油絵で、現在、プティパレ美術館に所蔵されています。

●第二章

4　カモワンの事件（一九三一年　パリ控訴院）　アンリ・デボワ『文学的美術的所有権』宮澤溥明訳　著作権情報センター　一九九四年　60ページ

5　加戸守行『著作権法逐条講義』665ページ

6　John Henry Merryman, *The Refrigerator of Bernard Buffet*, pp1023-1028

7　Karen Gantz, *Protecting Artists' Moral Rights: A Critique of the California Art Preservation Act as a Model for Statutory Reform*, p873

8 Philip B. Hallen, *Local dispatch / Airport Art Is Not Always a Pretty Picture: The Story of Calder's 'Pittsburgh,'* http://www.post-gazette.com/pg/08004/846581-294.stm

9 Diana Rose, *Calder's Pittsburgh: A Violated and Immobile Mobile*, no.39, Art News, Jan 1978

10 Joseph Beuys（1921-1986） ドイツの現代美術家、彫刻家。

11 David Nimmer, *Copyright Illuminated: Refocusing the Diffuse U.S. Statute*, Kluwer Law International, 2008, p449

●第四章

12 勝本正晃『著作権法改正の諸問題』41～46ページ、173～175ページ

13 Liliane de Pierredon-Fawcett, *The Droit de Suite in Literary and Artistic Property: A Comparative Law Study*, p3

14 画家であるウイレット（Willet）を会長として設立され、偽作をなくすことと、芸術家への作品販売額の一部の分配を求めることを目的としていました。de Pierredon-Fawcett, op.cit. p4

15 Michael B. Reddy, *The Droit de Suite: Why American Fine Artists Should Have the Right to a Resale Royalty*, p509（脚注88）

16 Jacques-Louis Duchemin, *La Propriété Artistique*, p341

17 de Pierredon-Fawcett, op.cit. pp16-17

18 原文：The droit de suite is La boheme and Lust for Life reduced to statutory form.

Monroe E. Price, *Government Policy and Economic Security for Artists: The Case of the Droit de Suite*, p1335

19 Robert Rauschenberg（1925-2008）　一九五〇～六〇年代にアメリカで起こったネオ・ダダの代表的アーティスト。

20 John Henry Merryman, *The Wrath of Robert Rauschenberg*, p110

21 州法の規定が連邦法の規定に抵触しない限りは州法が適用されますが、連邦法が適用される場合を先専（preemption）といいます。

22 California Civil Code, Section 986 (law of Sept 22, 1976 as amended by law of March 11, 1982)

23 Gordon P. Katz, *Copyright Preemption under the Copyright Act of 1976: The Case of Droit de Suite*, p203

24 Alan Sorrell, *Droit de Suite in a New Zealand Context*（脚注18, 20参照）

25 著作権情報センター「外国著作権法令集　アメリカ編」（二〇一〇年三月。山本隆司訳）によった。http://www.cric.or.jp/gaikoku/america/america.html

26 Shira Perlmutter, *Resale Royalties for Artists: An Analysis of the Register of Copyrights' Report*, pp287-288

27 １９６５年９月９日ドイツ著作権法第96条⑴、１２５条⑴

28 同ドイツ著作権法第１２５条⑵から⑹まで

29　フィル・コリンズ事件で争われたのは、ＥＥＣ条約第７条の差別禁止原則です。ＥＣ条約第12条を経て、現在ではＥＣ運営条約第18条となっています。

30　イギリス人歌手、クリフ・リチャードの同様の事件も、ジョイントケースとして審議されました。

31　ドイツ連邦最高裁判所　１９９１年６月16日判決。I ZR 24/92, GRUR, 1994, p798

32　Simon Stokes, *Artist's Resale Right: Law and Practice*, p61

33　Stokes, op.cit. p12

34　多くの作品は岩に彫られた彫刻や絵画である。渦のデザインに代表される抽象的な図柄や自然を題材にした絵が見受けられる。人、魚、亀、カンガルーなどが描かれています。*The Penguin Dictionary of Art and Artists*, 7th edition, Penguin, 1998

35　アボリジニ作品によく似た図柄でＴシャツを作ったことが問題になったBulun Bulun事件が一九八八年に起きています。争点は、誰が作者であるかの特定と、このような伝統的な図柄に、著作物性があるかということでした。Colin Golvan, *Aboriginal Art and Copyright: The Case for Johnny Bulun Bulun*, pp346-355

36　Bulun Bulun v. R&T Textiles Pty. Ltd.（1998）, 157 ALR 193（FCA）

37　Foster v. Mountford（1976）29 FLR 233

38　「The Age」誌、２００３年９月29日付の記事"Knocked down; still out"より。http://www.theage.com.au/articles/2003/09/26/1064083177490.html?from-storyhs　このサイトには、ジャピュルーラの写真も掲載されています。

39　オーストラリアン・コピーライト・カウンシルによる報告書。Australian Copyright Council, *Droit de Suite: The Art Resale Royalty and Its Implications for Australia*, 1989

40　オーストラリアにおける先住民族文化についての報告書。この中では、アボリジナル文化を保護する一つの方法として、追及権の創設が強く求められていました。Terri Janke, *Our Culture: Our Future*, Report on Australian Indigenous Cultural and Intellectual Property Rights, 1998

41　Department of Communications, Information Technology and the Arts, *Report of the Contemporary Visual Arts and Craft Inquiry*, 2002

42　Kate Lundy, Resale Royalty Bill 2004

43　Bob McMullan, Artist's Resale Rights Bill 2006

44　Resale Royalty Right for Visual Artists Bill 2008

●第五章

45　Copyright, Designs and Patents Act 1988

46　Simon Stokes, *Art & Copyright*, p55

47　白石智則「フランスのオークション法制—動産任意競売の規制に関する２０００年7月10日の法律６４２号」２８５〜２９０ページ

参考文献

〈書籍〉

1 アンリ・デボワ（Henri Desbois）『フランス著作権法研究』文部省　一九六一年
2 勝本正晃『日本著作権法』巌松堂書店　一九四〇年
3 勝本正晃『著作権法改正の諸問題』法文社　一九四九年
4 勝本正晃『現代文化と著作権』雄渾社　一九五六年
5 加戸守行『著作権法逐条講義』五訂新版　著作権情報センター　二〇〇六年
6 クロード・コロンベ『著作権と隣接権』宮澤溥明訳　第一書房　一九九〇年
7 斉藤博『著作権法』第2版　有斐閣　二〇〇四年
8 高階秀爾『芸術のパトロンたち』岩波新書　一九九七年
9 滝沢正『フランス法』第2版　三省堂　二〇〇二年
10 山口俊夫『概説フランス法　上』東京大学出版会　一九七八年
11 ABBING, Hans, *Why Are Artists Poor?: The Exceptional Economy of the Arts*, Amsterdam University Press, 2002
12 BERTRAND, André R., *Le Droit d'Auteur et les Droits Voisins*, 2ème édition, Dalloz, 1999
13 COLOMBET, Claude and COLOMBET, Stéphane, *Propriété Littéraire et Artistique et Droits Voisins*, 9ème édition, Dalloz, 1999

14 COOK, Trevor and BRAZELL, Lorna, *The Copyright Directive: UK Implementation*, Jordans, 2004
15 de PIERREDON-FAWCETT, Liliane, *The Droit de Suite in Literary and Artistic Property: A Comparative Law Study*, Center for Law and the Arts, Columbia University School of Law, 1991
16 DESSEMONTET, François, *Le Droit d'Auteur*, Cedidac, 1999
17 DREIER, Thomas and HUGENHOLTZ, P. Bernt, *Concise European Copyright Law*, Kluwer Law International, 2006
18 FRANÇON, André, *Cours de Propriété Littéraire, Artistique et Industrielle: Maîtrise*, Litec, 1999
19 HARVEY, Brian W. and MEISEL, Franklin, *Auctions Law and Practice*, 3rd edition, Oxford University Press, 2006
20 LUCAS, André and LUCAS, Henri-Jacques, *Traité de la Propriété Littéraire et Artistique*, 2ème édition, Litec, 2001
21 McANDREW, Clare, *The Modern and Contemporary Art Market*, The European Fine Art Foundation, 2005
22 McANDREW, Clare, *The International Art Market: A Survey of Europe in a Global Context*, The European Fine Art Foundation, 2008

23 McANDREW, Clare, *Emerging Economies and the Art Trade in 2008, Globalisation and the Art Market*, The European Fine Art Foundation, 2009
24 MERRYMAN, John Henry and ELSEN, Albert Edward and URICE, Stephen K., *Law, Ethics, and the Visual Arts*, University of Pennsylvania Press, 1987
25 MERRYMAN, John Henry, *The Proposed Generalisation of the Droit de Suite in the European Communities*, Intellectual Property Institute, 1996
26 POLLAUD-DULIAN, Frédéric, *Le Droit d'Auteur*, Economica, 2004
27 SAX, Joseph L., *Playing Darts with a Rembrandt: Public and Private Rights in Cultural Treasures*, University of Michigan Press, 1999
28 STOKES, Simon, *Artist's Resale Right: Law and Practice*, Institute of Art & Law, 2006
29 STOKES, Simon, *Art & Copyright*, revised edition, Hart Publishing, 2003

〈論文〉

30 小川明子「追及権による美術の著作物保護について」第5回著作権・著作隣接権論文集　著作権情報センター　二〇〇五年一二月
31 小川明子「追及権―日本における制定の必要性」早稲田大学大学院法研論集第一一七号　二〇〇六年三月
32 小川明子「日本における追及権保護の可能性―フランス、フィンランド、英国での聞き取り調査をも

とに」季刊企業と法創造第6号　二〇〇六年三月
33 小川明子「アメリカにおける追及権保護の可能性」季刊企業と法創造第8号　二〇〇六年九月
34 小川明子「追及権の世界的広がりとその背景―追及権導入の波は我が国に至るのか」別冊ＮＢＬ №１２０　知財年報２００７　二〇〇七年一一月
35 小川明子「追及権の導入における検討課題」季刊企業と法創造第14号　二〇〇八年三月
36 白石智則「フランスのオークション法制―動産任意競売の規制に関する２０００年7月10日の法律６４２号」比較法学第36巻第2号　二〇〇三年一月
37 田村善之「絵画のオークション・サイトへの画像の掲載と著作権法」知財管理 Vol.56 №9　二〇〇六年九月
38 千野直邦「追及権（Le Droit de Suite）の沿革」著作権研究5　一九七三年三月
39 千野直邦「アメリカにおける追及権の一考察―MONROE E PRICEの所論について」明治大学大学院紀要第9集　一九七一年一二月
40 ダッチミン「美術家の追及権」尾中普子・千野直邦訳　著作権研究3　一九七一年三月
(DUCHEMIN, Jacques-Louis, *Le Droit de Suite aux Artistes*, 62, Revue Internationale du Droit d'Auteur, Oct 1969)
41 ALDERMAN, Elliott C., *Resale Royalties in the United States for Fine Visual Artists: An Alien Concept*, vol 40 No.2, Journal of the Copyright Society of the U.S.A., winter 1992
42 ASHLEY, Stephen S., *A Critical Comment on California's Droit de Suite, Civil Code Sec-*

tion 986, vol 29 issue 2, Hastings Law Journal, Nov 1977

43 CAMP, Tom R., *Art Resale Rights and the Art Resale Market: An Empirical Study*, vol 28, Bulletin of the Copyright Society of the U.S.A., Oct 1980-Aug 1981

44 COHEN JEHORAM, Herman, *European Copyright Law—Ever More Horizontal*, vol 32 no.5, International Review of Industrial Property and Copyright Law, Aug 2001

45 DAMICH, Edward J., *Moral Rights Protection and Resale Royalties for Visual Art in the United States: Development and Current Status*, vol 12 issue 2, Cardozo Arts & Entertainment Law Journal, 1994

46 DESURMONT, Thierry, *La Communauté Européenne, les Droits des Auteurs et la Société de l'Information*, 190, Revue Internationale du Droit d'Auteur, Oct 2001

47 DUBOFF, Leonard D., *Artists' Rights: The Kennedy Proposal to Amend the Copyright Law (Introduction)*, vol 7 issue 2, Cardozo Arts & Entertainment Law Journal, 1989

48 DUCHEMIN, Jacques-Louis, *La Propriété Artistique*, 19, Revue Internationale du Droit d'Auteur, Avr 1958

49 DUCHEMIN, Jacques-Louis, *Le Droit de Suite aux Artistes*, 62, Revue Internationale du Droit d'Auteur, Oct 1969

50 DUCHEMIN, Wladimir, *Le Droit de Suite*, 80, Revue Internationale du Droit d'Auteur, Avr 1974

51 DUCHEMIN, Wladimir, *La Directive Communautaire sur le Droit de Suite*, 191, Revue Internationale du Droit d'Auteur, Jan 2002

52 EDELSON, Gilbert S., *Artists' Rights: The Kennedy Proposal to Amend the Copyright Law (The Case Against An American Droit de Suite)*, vol 7 issue 2, Cardozo Arts & Entertainment Law Journal, 1989

53 FILER, Randall K., *The "Starving Artist"—Myth or Reality? Earnings of Artists in the United States*, vol 94 no.1, Journal of Political Economy, Feb 1986

54 FRANÇON, André, *Chronique de France*, 194 & 195, Revue Internationale du Droit d'Auteur, Oct 2002/Jan 2003

55 GANTZ, Karen, *Protecting Artists' Moral Rights: A Critique of the California Art Preservation Act as a Model for Statutory Reform*, vol 49 no.5, George Washington Law Review, Aug 1981

56 GASTER, Jens L., *Suite de l'Arrêt Phil Collins de la CJCE dans le Domaine du Droit d'Auteur et des Droits Voisins*, 168, Revue Internationale du Droit d'Auteur, Avr 1996

57 GAUBIAC, Yves, *La Liberte de Citer Une Œuvre de l'Esprit*, 171, Revue Internationale du Droit d'Auteur, Jan 1997

58 GENDREAU, Ysolde, *Le Droit de Rreproduction et l'Internet*, 178, Revue Internationale du Droit d'Auteur, Oct 1998

59 GIBBONS, Glen, *Droit de Suite: Praise for Irish Minimalism?*, vol 29 issue 5, European Intellectual Property Review, May 2007
60 GINSBURGH, Victor, *The Economic Consequences of Droit de Suite in the European Union*, vol 35 no.1 & 2, Economic Analysis and Policy, Mar/Sept 2005
61 GOLVAN, Colin, *Aboriginal Art and Copyright: The Case for Johnny Bulun Bulun*, vol 11 issue 10, European Intellectual Property Review, Oct 1989
62 GUNN, Katrina, *Resale Royalty Rights: Possible Models for Australia*, no.21, Research Note, Parliamentary Library(Australia), Dec 2005 http://www.aph.gov.au/-library/pubs/rn/2005-06/06rn21.pdf
63 HAUSER, Rita E., *The French Droit de Suite: The Problem of Protection for the Underprivileged Artist under the Copyright Law*, Copyright law Symposium No.11(ASCAP), Columbia University Press, 1962
64 HEPP, François, *Royalties from Works of the Fine Arts Origin of the Concept of Droit de Suite in Copyright Law*, vol 6, Bulletin of the Copyright Society of the U.S.A., Oct 1958-Aug 1959
65 JONES, Bob, *Morseburg v. Balyon—The High Court Grants Royalty a Reprieve: Constitutional Challenges to the California Resale Royalties Act*, vol 3, Hastings Communications and Entertainment Law Journal, 1981

66 KATZ, Gordon P., *Copyright Preemption under the Copyright Act of 1976: The Case of Droit de Suite*, vol 47 no.1, George Washington Law Review, Nov 1978

67 KATZENBERGER, Paul, *The Droit de Suite in Copyright Law*, vol 4 no.3, International Review of Industrial Property and Copyright Law, 1973

68 LEWIS, Paul, *The Resale Royalty and Australian Visual Artists: Painting the Full Picture*, vol 8 no.4, Media & Arts Law Review, Dec 2003

69 MERRYMAN, John Henry, *The Refrigerator of Bernard Buffet*, vol 27, Hastings Law Journal, 1976

70 MERRYMAN, John Henry, *The Moral Right of Maurice Utrillo*, vol 43 no.3, The American Journal of Comparative Law, summer 1995

71 MERRYMAN, John Henry, *The Wrath of Robert Rauschenberg*, vol 41 no.1, The American Journal of Comparative Law, winter 1993

72 MORGAN, Owen, *Advertising Works of Art for Sale: Copyright or Contract?*, vol 14 no.1, Australian Intellectual Property Journal, Feb 2002

73 NEUMANN, Lee D., *The Berne Convention and Droit de Suite Legislation in the United States: Domestic and International Consequences of Federal Incorporation of State Law for Treaty Implementation*, vol 16 no.2, Columbia-VLA Journal of Law & the Arts, 1992

74 PERLMUTTER, Shira, *Resale Royalties for Artists: An Analysis of the Register of Copy-*

rights' Report, vol 40 no.2, Journal of the Copyright Society of the U.S.A., winter 1992

75 PFEFFER, Jennifer B., *The Costs and Legal Impracticalities Facing Implementation of the European Union's Droit de Suite Directive in the United Kingdom*, vol 24 no. 2, Northwestern Journal of International Law and Business, winter 2004

76 PRICE Monroe E., *Government Policy and Economic Security for Artists: The Case of the Droit de Suite*, vol 77 no.7, The Yale Law Journal, June 1968

77 QUIGGIN, Robynne, *The Resale Royalty and Indigenous Art: An Opportunity for the Recognition of Economic and Cultural Rights?*, New Directions in Copyright Law, vol 3, Edward Elger Publishing, 2006

78 REDDY, Michael B., *The Droit de Suite: Why American Fine Artists Should Have the Right to a Resale Royalty*, vol 15, Loyola of Los Angeles Entertainment Law Journal, 1995

79 RENAULT, Charles-Edouard, *Resale Rights: Toward a European Harmonisation*, vol 14 issue 2, Entertainment Law Review, Feb 2003

80 RICKETSON, Sam, *Moral Rights and the Droit de Suite: International Conditions and Australian Obligations*, vol 3, Entertainment Law Review, 1990

81 ROEDER, Martin A., *The Doctrine of Moral Right: A Study in the Law of Artists, Authors and Creators*, vol 53 issue 4, Harvard Law Review, Feb 1940

82 SANTILLI, Marina, *United States' Moral Rights Developments in European Perspective*,

vol 1 issue 1, Marquette Intellectual Property Law Review, 1997
83 SARRAUTE, Raymond, *Current Theory on the Moral Right of Authors and Artists Under French Law*, vol 16 no.4, The American Journal of Comparative Law, autumn 1968
84 SHAPIRO, Theodore M., *Droit de Suite: An Author's Right in the Copyright Law of the European Community*, vol 3 no.4, Entertainment Law Review, 1992
85 SHERMAN, Paul, *Incorporation of the Droit de Suite into United States Copyright Law*, Copyright Law Symposium No.18(ASCAP), Columbia University Press, 1970
86 SIERRA QUADRI, Armando, *Le "Droit de Suite" en Amérique Latine*, 102, Revue Internationale du Droit d'Auteur, Oct 1979
87 SORRELL, Alan, *Droit de Suite in a New Zealand Context*, a Discussion Paper, Apr 2006
88 STOKES, Simon, *Implementing the Artists' Resale Right(Droit de Suite) Directive into English Law*, vol 13 issue 7, Entertainment Law Review, Oct 2002
89 ULMER, Eugen, *The "Droit de Suite" in International Copyright Law*, vol 6 no.1, International Review of Industrial Property and Copyright Law, 1975
90 WU, Jeffrey C., *Art Resale Rights and the Art Resale Market: A Follow-up Study*, vol 46 no.4, Journal of the Copyright Society of the U.S.A., summer 1999

〈報告書〉

91 GRADDY, Kathryn and SZYMANSKI, Stefan, *Scoping Study: Artist's Resale Right*, 2005 (UK)

92 JANKE, Terri, *Our Culture: Our Future*, Report on Australian Indigenous Cultural and Intellectual Property Rights, 1998 (Australia)

93 THROSBY, David and HOLLISTER, Virginia, *Don't Give Up Your Day Job: An Economic Study of Professional Artists in Australia*, Australia Council for the Arts, 2003 (Australia)

94 *Evaluating the Impact of an Australian Resale Royalty on Eligible Visual Artists*, report by Access Economics Pty Limited, for Viscopy Ltd, 2004 (Australia)

小川明子（おがわ あきこ）

一九五九年埼玉県生まれ。早稲田大学法研グローバルCOE助手、桜美林大学総合文化学群、中央学院大学法学部、名古屋商科大学経済学部非常勤講師。明の星女子短期大学英語科卒業後、住友商事株式会社入社。英国語学留学を経て、Cobra S.A.日本駐在員事務所を立ち上げる。その後早稲田大学政治経済学部経済学科入学。フランス国立美術館連合日本法人に入社。業務の傍ら早稲田大学大学院法学研究科博士後期課程修了。博士（法学）。

文《ぶん》化《か》のための追《つい》及《きゅう》権《けん》

集英社新書〇六一二A

二〇一一年一〇月一九日　第一刷発行

著者……小《お》川《がわ》明《あき》子《こ》

発行者……館　孝太郎

発行所……株式会社集英社

東京都千代田区一ツ橋二-五-一〇　郵便番号一〇一-八〇五〇

電話　〇三-三二三〇-六三九一（編集部）
〇三-三二三〇-六三九三（販売部）
〇三-三二三〇-六〇八〇（読者係）

装幀……原　研哉

印刷所……大日本印刷株式会社　凸版印刷株式会社

製本所……加藤製本株式会社

定価はカバーに表示してあります。

ISBN 978-4-08-720612-8 C0232

Printed in Japan

a pilot of wisdom

a pilot of wisdom

戦争の克服　阿部浩己／鵜飼哲／森巣博
「権力社会」中国と「文化社会」日本　王雲海
みんなの9条　「マガジン9条」編集部編
「石油の呪縛」と人類　ソニア・シャー
死に至る会社の病　大塚将司
何も起こりはしなかった　ハロルド・ピンター
増補版日朝関係の克服　姜尚中
憲法の力　伊藤真
「お金」崩壊　青木秀和
イランの核問題　T・デルペシュ
憲法改正試案集　井芹浩文
狂気の核武装大国アメリカ　H・カルディコット
コーカサス　国際関係の十字路　廣瀬陽子
オバマ・ショック　越智道雄／町山智浩
資本主義崩壊の首謀者たち　広瀬隆
イスラムの怒り　内藤正典
中国の異民族支配　横山宏章

ガンジーの危険な平和憲法案　C・ダグラス・ラミス
リーダーは半歩前を歩け　姜尚中
邱永漢の「予見力」　玉村豊男
社会主義と個人　笠原清志
著作権の世紀　福井健策
「独裁者」との交渉術　明石康
メジャーリーグ　なぜ「儲かる」　岡田功
「10年不況」脱却のシナリオ　斎藤精一郎
ルポ　戦場出稼ぎ労働者　安田純平
「事業仕分け」の力　枝野幸男
二酸化炭素温暖化説の崩壊　広瀬隆
「戦地」に生きる人々　日本ビジュアル・ジャーナリスト協会編
超マクロ展望　世界経済の真実　水野和夫／萱野稔人
TPP亡国論　中野剛志
日本の1/2革命　池上彰／佐藤賢一
中東民衆革命の真実　田原牧
「原発」国民投票　今井一

社会——B

国際離婚	松尾寿子
江戸っ子長さんの舶来屋一代記	茂登山長市郎
ご臨終メディア	森達也 森巣博
食べても平気？ ＢＳＥと食品表示	吉田利宏
アスベスト禍	粟野仁雄
環境共同体としての日中韓	監修・寺西俊一 東アジア環境情報発伝所編
巨大地震の日	高嶋哲夫
男女交際進化論「情交」か「肉交」か	中村隆文
ヤバいぜっ！ デジタル日本	高城剛
アメリカの原理主義	河野博子
データの罠 世論はこうしてつくられる	田村秀
搾取される若者たち	阿部真大
ＶＡＮストーリーズ	宇田川悟
人道支援	野々山忠致
ニッポン・サバイバル	姜尚中
ロマンチックウイルス	島村麻里
黒人差別とアメリカ公民権運動	J・M・バーダマン
その死に方は、迷惑です	本田桂子
政党が操る選挙報道	鈴木哲夫
テレビニュースは終わらない	金平茂紀
ビートたけしと「団塊」アナキズム	神辺四郎
王様は裸だと言った子供はその後どうなったか	森達也
銀行 儲かってます！	荒和雄
プロ交渉人	諸星裕
自治体格差が国を滅ぼす	田村秀
フリーペーパーの衝撃	稲垣太郎
新・都市論ＴＯＫＹＯ	隈研吾 清野由美
「バカ上司」その傾向と対策	古川裕倫
日本の刑罰は重いか軽いか	王雲海
里山ビジネス	玉村豊男
フィンランド 豊かさのメソッド	堀内都喜子
Ｂ級グルメが地方を救う	田村秀
ファッションの二十世紀	横田一敏

大槻教授の最終抗議　大槻義彦
野菜が壊れる　新留勝行
「裏声」のエロス　高牧康
悪党の金言　足立倫行
新聞・TVが消える日　猪熊建夫
銃に恋して　武装するアメリカ市民　半沢隆実
代理出産　生殖ビジネスと命の尊厳　大野和基
マルクスの逆襲　三田誠広
ルポ 米国発ブログ革命　池尾伸一
日本の「世界商品」力　嶌信彦
今日よりよい明日はない　玉村豊男
公平・無料・国営を貫く英国の医療改革　武内和久　竹之下泰志
日本の女帝の物語　橋本治
食料自給率100%を目ざさない国に未来はない　島﨑治道
自由の壁　鈴木貞美
若き友人たちへ　筑紫哲也
他人と暮らす若者たち　久保田裕之

男はなぜ化粧をしたがるのか　前田和男
オーガニック革命　高城剛
主婦パート　最大の非正規雇用　本田一成
グーグルに異議あり！　明石昇二郎
モードとエロスと資本　中野香織
子どものケータイ―危険な解放区　下田博次
最前線《フォワード》は蛮族たれ　釜本邦茂
ルポ 在日外国人　髙賛侑
教えない教え　権藤博
携帯電磁波の人体影響　矢部武
イスラム――癒しの知恵　内藤正典
モノ言う中国人　西本紫乃
二畳で豊かに住む　西和夫
「オバサン」はなぜ嫌われるか　田中ひかる
新・ムラ論TOKYO　隈研吾　清野由美
原発の闇を暴く　広瀬隆　明石昇二郎
伊藤Pのモヤモヤ仕事術　伊藤隆行

a pilot of wisdom

喜劇の手法 笑いのしくみを探る	喜志哲雄
映画の中で出逢う「駅」	臼井幸彦
日本神話とアンパンマン	山田 永
中国10億人の日本映画熱愛史	劉 文兵
落語「通」入門	桂 文我
永井荷風という生き方	松本 哉
世にもおもしろい狂言	茂山千三郎
クワタを聴け！	中山康樹
米原万里の「愛の法則」	米原万里
官能小説の奥義	永田守弘
日本人のことば	粟津則雄
ジャズ喫茶 四谷「いーぐる」の100枚	後藤雅洋
悲恋の詩人 ダウスン	南條竹則
新釈 四谷怪談	小林恭二
宮澤賢治 あるサラリーマンの生と死	佐藤竜一
寂聴と磨く「源氏力」 全五十四帖 一気読み！	「百万人の源氏物語」委員会編
時代劇は死なず！	春日太一
田辺聖子の人生あまから川柳	田辺聖子
幻のB級！大都映画がゆく	本庄慧一郎
現代アート、超入門！	藤田令伊
英詩訳・百人一首 香り立つやまとごころ	マックミラン・ピーター 佐々田雅子 訳
江戸のセンス	荒井 修 いとうせいこう
振仮名の歴史	今野真二
俺のロック・ステディ	花村萬月
マイルス・デイヴィス 青の時代	中山康樹
現代アートを買おう！	宮津大輔
小説家という職業	森 博嗣
美術館をめぐる対話	西沢立衛
音楽で人は輝く	樋口裕一
オーケストラ大国アメリカ	山田真一
証言 日中映画人交流	劉 文兵
荒木飛呂彦の奇妙なホラー映画論	荒木飛呂彦
耳を澄ませば世界は広がる	川畠成道
あなたは誰？ 私はここにいる	姜 尚中